法 治 影 响 生 活

2017
中国法治

蓝皮书

中国检察日报社 龙图集团编制

中国检察出版社

图书在版编目(CIP)数据

2017中国法治蓝皮书/李雪慧主编.——北京:中国检察出版社,2017.12

ISBN　978-7-5102-2050-0

Ⅰ.①2…　Ⅱ.①李…　Ⅲ.①社会主义法制-研究报告

-中国-2017　Ⅳ.　①D920.0

中国版本图书馆CIP数据核字(2017)第323431号

2017中国法治蓝皮书

中国检察日报社 龙图集团编制

出版发行:中国检察出版社

社　　址:北京市石景山区香山南路109号(100144)

网　　址:中国检察出版社(www.zgjccbs.com)

电子邮箱:zgjccbs@vip.sina.com

电　　话:(010)86423347(编辑)　86423512(发行)

经　　销:新华书店

印　　刷:北京睿特印刷厂

开　　本:16开

印　　张:16.75张

字　　数:345千字

版　　次:2018年1月第一版　2018年1月第一次印刷

书　　号:ISBN　978-7-5102-2050-0

定　　价:158.00元

《2017中国法治蓝皮书》编委会

坚守法治信仰 汇聚磅礴力量

检察日报社社长 李雪慧

水打山崖，风过林海，时光划过2017。

今年是我们第13次发布中国法治蓝皮书。辞旧迎新，这一刻，我们共同见证思想的火炬如何照亮一个民族走向富强的历程；一起感受法治的光芒如何迸发改变中国、影响世界的力量。

2017，注定是不平凡的一年。10月18日，党的十九大胜利召开。密集推出1500多项改革举措、贫困发生率降到4%以下、中国共产党脱胎换骨、人民军队浴火重生、人民群众获得感增强、大国外交全面推进……十九大报告十个方面的总结，掷地有声的成绩单背后蕴藏多少运筹帷幄的智慧，涵盖多少波澜壮阔的变革，凝聚多少惊心动魄的转变，无不以法治为框架、用法治作支撑、由法治来贯穿。今天，全面建成小康社会这一奋斗目标如此触手可及，正是因为这个国家和这片土地上的人民，比任何时候都更加坚信法治，更加坚定地走在中国特色社会主义法治道路上。

法治信仰指明方向，法治力量冲破藩篱。成立中央全面依法治国领导小组，加强对法治中国建设的统一领导；通过民法总则，见证百年一遇的法典时刻；国家监察体制改革试点工作全国推开，实现对所有行使公权力的公职人员监察全覆盖；检察机关提起公益诉讼全面铺开，为公共利益筑起法治屏障；国歌法实施，用法律维护国歌尊严，让国歌每一次的奏响都庄严神圣、引领方向……一项项改革、一次次修法都最大程度地承载民意、汇聚民心，紧贴"消除贫困、改善民生、实现共同富裕"的社会主义本质要求，努力创造实现人民群众对美好生活向往的黄金时代。

法治信仰凝聚人心，法治力量守护公正。惩治"村霸"不留死角，越洋跨境打击电信诈骗，严惩校园贷还高校一片净土，一份诉前检察建议保护两座古桥……一次次以法之名的战役中，我们赢得了公平，赢得了正义，更涌现出了许许多多手持法治利剑的英雄模范：驻守在司法最后一道关口的检察官杜亚起，20多年默默坚守、从蛛丝马迹中追寻正义，纠正了一批冤假错案；当选全国道德模范的法律援助律师夫妻陈贤、曹旭，长年坚持在边疆地区进行法律援助和义务普法，为边疆百姓办理案件上百件；善办新型疑难案件的专家型法官陈昶屹，扎根基层，以工匠精神为群众解决各类民商事案件近3000件……

法治信仰净化灵魂，法治力量激浊扬清。2017，铁腕反腐聚民心，从严治党在路上。仅仅十九大之后1个多月，就有3个省部级"老虎"因涉嫌严重违纪接受组织审查。视之为"最大威胁"，下力气"猛药去病"，警示"霸王别姬"，誓言"上不封顶"，强调"没有休止符"……习近平总书记铿锵话语的背后，是中国共产党向腐败宣战的决心。第一步"不敢腐"，第二步"不能腐"，第三步"不想腐"，这背后的逻辑思路，正是实践着从"打虎""拍蝇"的震慑，到制度笼子的约束，再到政治文化的改变。

蓝图已绘就，奋斗正当时。在带领亿万人民推进伟大事业、实现伟大梦想的中华巨轮中，法治是筋骨，法治是大纲，纲立文顺、纲举目张。正如党的十九大报告所指出的，全面依法治国是中国特色社会主义的本质要求和重要保障。必须把党的领导贯彻落实到依法治国全过程和各方面，坚定不移走中国特色社会主义法治道路。中国进入了新时代，唯有以习近平新时代中国特色社会主义思想为指引，中流击水，奋发图强，才能不断开创全面依法治国新局面。

如月之恒，如日之升，2017一如往常渐行渐远。也许虐童事件仍让你痛心，江歌案宣判也止不住你的悲愤，共享单车悬而无解的押金退还问题考验着你的耐心……但"惟其艰难，才更显勇毅；惟其笃行，才弥足珍贵。"昂首阔步在民族复兴新征程上，一切嘈杂喧嚣都会湮没在时光的尘埃里，一切真知灼见终将沉淀在历史的河床上。让我们坚守法治信仰，汇聚磅礴力量，推动中华巨轮劈波前行！

法治的新时代

龙图集团总裁　杜洪波

习近平同志在党的十九大报告中指出："中国特色社会主义进入新时代，我国社会主要矛盾已经转化为人民日益增长的美好生活需要和不平衡不充分的发展之间的矛盾。"这一论断标志着中国特色社会主义取得了重大历史成就，标志着中国特色社会主义进入新时代。这一论断要贯通于新时代的各个领域、各个层面，法治建设也不例外。

一、法治新时代要准确把握"人民日益增长的美好生活需要"

新时代人民的需要不仅对物质文化生活提出了更高要求，而且在民主、法治、公平、正义、安全、环境等方面的要求日益增长。从立法层面来看，民法总则的实施，更好地维护了民事主体的合法权益，公民信息保护的司法解释有力地保护着公民的信息安全；从政治治理层面，监察体制改革彰显了依法惩治腐败的决心；从法律实施层面看，无论是处罚违规的明星，还是对"红通"人员的追捕，无不彰显着公平正义的法律价值。

二、法治新时代要着力应对"不平衡不充分的发展"

不平衡不充分的发展主要体现为发展质量不高，创新能力不强，生态环境保护不够，民生保障仍有短板，群众在就业、教育、医疗、居住、养老等方面面临不少难题，社会文明水平尚需提高。2017年，政府严防炒房炒地、重拳治理网络乱象、立法明确公益诉讼并得以实施、全力治理假药广告以及明晰社保基金权责利等措施，对于解决"不平衡不充分的发展"有重要意义。

三、法治新时代要警惕法律自身"不平衡不充分的发展"

法律自身的"不平衡不充分的发展"表现在：地方立法存在乱象，损害了法治的统一性；立法内容存在滞后，跟不上社会发展步伐；法律实施的标准不够统一，削弱着法律的权威。2017年，全国人大常委会加大执法检查、对地方立法推进合宪性审查、于欢案的改判、整饬幼托乱象以及积极回应人工智能的挑战等做法，有利于完善中国特色社会主义法律体系，统一法律适用标准，一定程度上解决法律与社会发展的不平衡不同步现象。

总之，把握住新时代的主要社会矛盾，就把握住了法治建设的基础和逻辑起点，也有利于完善法律体系，统一法律标准，实现治理体系和治理能力的现代化。

目录

2017

中国法治蓝皮书

热词篇

———生活中的高频音

2017

中国法治蓝皮书

01 十九大：
不忘初心牢记使命开启新征程

2017年10月18日，中国共产党第十九次全国代表
大会在人民大会堂开幕。 **图片来源：新华社**

● 事件回放

2017年10月18日上午，中国共产党第十九次全国代表大会在人民大会堂开幕，2338名代表和特邀代表出席大会。习近平总书记代表第十八届中央委员会向大会作了题为《决胜全面建成小康社会　夺取新时代中国特色社会主义伟大胜利》的报告。

习近平指出，大会的主题是：不忘初心，牢记使命，高举中国特色社会主义伟大旗帜，决胜全面建成小康社会，夺取新时代中国特色社会主义伟大胜利，为实现中华民族伟大复兴的中国梦不懈奋斗。报告提出了中国发展新的历史方位——中国特色社会主义进入了新时代这一重大论断；阐明新的理论创新成果——习近平新时代中国特色社会主义思想；指出社会主要矛盾历史性新变化——已转化为"人民日益增长的美好生活需要和不平衡不充分的发展之间的矛盾"；开启新的奋斗目标——从全面建成小康到社会主义现代化强国，要乘势而上开启全面建设社会主义现代化国家新征程；明确党的建设新的总要求——把党的政治建设摆在首位；提出适应新时代要求的新举措——确保一张蓝图干到底，在政治、经济、文化、社会等各个方面提出了上百条的新举措。

2017年10月24日，党的十九大在选举产生新一届中央委员会和中央纪律检查委员会，通过关于十八届中央委员会报告的决议、关于十八届中央纪律检查委员会工作报告的决议、关于《中国共产党章程（修正案）》的决议后，胜利闭幕。

2017年10月25日，中国共产党第十九届中央委员会第一次全体会议选举产生中国共产党第十九届中央政治局常务委员会，习近平担任中共中央总书记。

● 事件影响

党的十九大,是在全面建成小康社会决胜阶段、中国特色社会主义发展关键时期召开的一次十分重要的大会。习近平总书记所作的十九大报告,深刻回答了新时代坚持和发展中国特色社会主义的一系列重大理论和实践问题,描绘了决胜全面建成小康社会、夺取新时代中国特色社会主义伟大胜利的宏伟蓝图,进一步指明了党和国家事业的前进方向。《中国共产党章程(修正案)》将习近平新时代中国特色社会主义思想写入党章,确立为我们党必须长期坚持的指导思想,对推进党的事业和党的建设必将更好发挥规范和指导作用。

● 各方观点

全国政协委员、香港新活力青年智库总监杨志红:党的十九大报告极具震撼力、穿透力、感召力。十九大报告提出习近平新时代中国特色社会主义思想,是中华民族强起来时代的指导思想,也是保障"一国两制"行稳致远、香港长治久安的指导思想,为实现中华民族伟大复兴的中国梦指明方向,绘就蓝图。

——2017年10月21日《人民日报》

智利安德烈斯·贝洛大学中国—拉美研究中心主任费尔南多·雷耶斯·马塔:中共十九大不仅对中国意义重大,对世界也极具影响力。中国共产党能够结合国内外的新形势,不断创新理论,提出与时俱进的指导思想。中国共产党对于人民的需求十分重视,在脱贫、环境保护等方面,都体现出发展方向是以人为本的,是为了满足人民的美好生活需要。国际社会需要思考如何与中国友好合作,寻求共同利益,推动世界共同发展。

——2017年11月17日《经济日报》

福建省委党校马克思主义研究院院长杨小冬:党的十九大报告为中国勾画了新的发展蓝图。报告贯通了"两个一百年"的奋斗目标,对全党提出具有全局性、战略性、前瞻性的行动纲领;报告中"社会主义现代化强国"前加了"美丽"两个字,从"富强民主文明和谐"拓展为"富强民主文明和谐美丽";报告所提"幼有所育、学有所教、劳有所得、病有所医、老有所养、住有所居、弱有所扶",保证全体人民在共建共享发展中有更多获得感。只要全党紧密团结在以习近平同志为核心的党中央周围,伟大的中国一定会走向更加光明的未来。

——2017年10月20日人民网

02 新时代：我国发展新的历史方位

2017年10月18日，习近平总书记在党的十九大上作报告。

图片来源：新华社

● 事件回放

"经过长期努力，中国特色社会主义进入了新时代，这是我国发展新的历史方位。"2017年10月18日，在中国共产党第十九次全国代表大会上，习近平总书记代表第十八届中央委员会向大会作报告时向世界郑重宣示。

党的十八大开启了中国特色社会主义新时代。十八大以来，以习近平同志为核心的党中央勇于进行具有许多新的历史特点的伟大斗争，统筹推进"五位一体"总体布局、协调推进"四个全面"战略布局，提出一系列新理念新思想新战略，出台一系列重大方针政策，推出一系列重大举措，推进一系列重要工作，解决了许多长期想解决而没有解决的难题，办成了许多过去想办而没有办成的大事，推动我国改革开放和社会主义现代化建设取得了历史性成就，推动党和国家事业发生了历史性变革，推动中国特色社会主义进入新阶段。

我们党作出中国特色社会主义进入了新时代这一重大政治判断，有着充分的理论、实践和历史依据。一是党的十八大以来党和国家事业发生了历史性变革，我国发展站到了新的历史起点上。二是党的理论创新实现了新飞跃，形成了习近平新时代中国特色社会主义思想，在马克思主义中国化进程中具有开创性意义和鲜明时代特色，开辟了马克思主义中国化新境界。三是从党的十九大到二十大，是"两个一百年"奋斗目标的历史交汇期，中国特色社会主义要从第一个百年迈向第二个百年。四是我国社会主要矛盾发生了变化，已经转化为人民日益增长的美好生活需要和不平衡不充分的发展之间的矛盾，经济建设依然是党和国家的中心工作，但要更加注重抓全面协调可持续发展，着力解决发展不平衡不充分问题。

中国特色社会主义进入了新时代,这个新时代,是承前启后、继往开来、在新的历史条件下继续夺取中国特色社会主义伟大胜利的时代,是决胜全面建成小康社会、进而全面建设社会主义现代化强国的时代,是全国各族人民团结奋斗、不断创造美好生活、逐步实现全体人民共同富裕的时代,是全体中华儿女勠力同心、奋力实现中华民族伟大复兴中国梦的时代,是我国日益走近世界舞台中央、不断为人类作出更大贡献的时代。

● 事件影响

中国特色社会主义进入新时代,在中华人民共和国发展史上、中华民族发展史上具有重大意义,在世界社会主义发展史上、人类社会发展史上也具有重大意义。这意味着近代以来久经磨难的中华民族迎来了从站起来、富起来到强起来的伟大飞跃,迎来了实现中华民族伟大复兴的光明前景;意味着科学社会主义在21世纪的中国焕发出强大生机活力,在世界上高高举起了中国特色社会主义伟大旗帜;意味着中国特色社会主义道路、理论、制度、文化不断发展,拓展了发展中国家走向现代化的途径,给世界上那些既希望加快发展又希望保持自身独立性的国家和民族提供了全新选择,为解决人类问题贡献了中国智慧和中国方案。

● 各方观点

中国社会科学院财经战略研究院研究员张德勇:在新时代,更高质量、更有效率、更加公平、更可持续的发展,将书写中国发展崭新的一页,物质文明、政治文明、精神文明、社会文明、生态文明将全面提升,中华民族将以更加自信、更加昂扬的姿态屹立于世界的东方。

——2017年10月28日中青在线

中共中央党史研究室副主任冯俊:进入新时代,我国社会更加突出的问题是发展不平衡不充分,这已成为满足人民日益增长的美好生活需要的主要制约因素。我们要在继续推动发展的基础上,着力解决好发展不平衡不充分问题,大力提升发展质量和效益,更好满足人民在经济、政治、文化、社会、生态等方面日益增长的需要,更好推动人的全面发展、社会全面进步。

——2017年11月3日《人民日报》

03 合宪性审查：
以良法促进发展保障善治

加强宪法实施和监督，维护宪法权威。

图片来源：百度图片

● 事件回放

2017年10月18日，习近平总书记在作党的十九大报告时深刻指出："加强宪法实施和监督，推进合宪性审查工作，维护宪法权威。推进科学立法、民主立法、依法立法，以良法促进发展、保障善治。"

"合宪性审查"是指依据宪法和相关法律的规定，对可能存在违反宪法规定的法律法规和规范性文件以及国家机关履行宪法职责的行为进行审查，如发现违反宪法的问题及时予以纠正。"合宪性审查"是现代法治国家实施宪法、约束公权力、保障宪法实施的重要机制，其重要功能已经为许多国家的宪法实施经验所证实。

"合宪性审查"是维护宪法根本法、最高法地位的重要机制。习近平总书记在首都各界纪念现行宪法公布施行30周年大会上的讲话中也指出："宪法与国家前途、人民命运息息相关。维护宪法权威，就是维护党和人民共同意志的权威。捍卫宪法尊严，就是捍卫党和人民共同意志的尊严。保证宪法实施，就是保证人民根本利益的实现。"

长期以来，一些部门和地方存在"部门立法"、地方立法任意"加码""放水"，以红头文件代替法律等问题，这导致国家法令不统一，执法受地方保护、部门利益掣肘，以及法律赋予公民的权利被"打折扣"等问题。

2000年颁布的立法法规定了对法规、规章的"备案审查"制度。党的十八大以来，全国人大常委会着力推进规范性文件"备案审查"机制，主要对行政法规、地方性法规等规范性文件开展审查研究，纠正其中存在的违法问题。与"合宪性审查"相比，"备案审查"的重点是"合法性"，关注"合宪性"则相对较少。据统计，十二届全国人大常委会共接受公民和组织提出的各类审查建议1400余件，通过沟通协商、督促制定机关纠正的法规等累计有上百件，为下一步推进"合宪性审查"各项工作积累了经验。

● 事件影响

党的十九大提出"合宪性审查"这一术语,这在党的全国代表大会历史上是第一次,体现了我们党在新时代推进全面依法治国的最新思考,并对依宪治国、依宪执政提出了最新要求,得到社会各界热烈拥护,对宪法学研究领域、公民民主政治生活将产生前所未有的深远影响。

推进"合宪性审查"是中国特色社会主义进入新时代后深化全面依法治国实践的新任务和工作重点,为不折不扣地贯彻依宪治国、依宪执政明确了工作抓手,指明了制度建设方向,对我国全面推进依法治国将产生重大而深远的影响。推进"合宪性审查"将有助于促进公民对公权力的有力监督,有助于进一步完善公民对国家公权力提出合宪性审查建议的程序,以及监督国家公权力严格依据宪法行使的机制;有助于防止出现任何超越宪法和法律的特权,真正把公权力关进"制度的笼子"。

● 各方观点

清华大学法学院教授林来梵:推动合宪性审查工作,确定合宪性审查的工作流程和机制都势在必行。建议按照党的十八届四中全会的要求,将包括法律、部门规章在内的所有规范性文件纳入其中,进一步规范审查程序,变此前的"柔性审查"为更"刚性"的监督。

——2017年10月30日《南方都市报》

《新京报》评论员:党的十九大明确提出"推进合宪性审查工作"是中国法治史上的里程碑。如今,合宪性审查的中国路径已经明晰。合宪性审查的主体是立法机关审查,将来备案审查还将进一步制度化、刚性运行。合宪性审查,堪称几代中国人的法治梦想。一个中国气派、彰显宪法权威的法治时代,正在向我们走来。

——2017年12月5日《新京报》

中共中央党校党建部副教授曾毅:围绕如何规范权力、约束权力,党的十九大报告作出了一系列"清单式"设计。规范权力和约束权力的最高法则是维护宪法权威,因此十九大报告中规定的"合宪性审查"就是规范权力、约束权力的总纲式政治改革。

——2017年12月13日《北京日报》

04 转隶：
真正做到合编合心合力

浙江省桐乡市检察院送别转隶的同志。
图片来源：桐检网

● 事件回放

2016年11月，中共中央办公厅印发《关于在北京市、山西省、浙江省开展国家监察体制改革试点方案》，部署在3省市设立各级监察委员会，从体制机制、制度建设上先行先试、探索实践，为在全国推开积累经验。2016年12月25日，十二届全国人大常委会第二十五次会议通过《关于在北京市、山西省、浙江省开展国家监察体制改革试点工作的决定》。

2017年1月14日，最高人民检察院党组书记、检察长曹建明在全国检察长会议上要求，各试点检察院要配合做好反贪、反渎和预防等部门职能、机构、人员转隶工作，全力配合做好试点工作，探索建立检察机关与监察委员会的工作衔接机制，确保平稳过渡，确保党中央决策部署在检察机关全面实现。

截至2017年4月27日，试点地区全面完成省、市、县监察委员会组建和转隶工作，北京市共划转编制971名，实际转隶768人；山西省共划转编制2224名，实际转隶1884人；浙江省共划转编制1889名，实际转隶1645人。最高人民检察院全力配合中央纪委和北京、山西、浙江三省市开展试点工作，试点地区检察机关深入细致开展思想政治工作，严明组织纪律，做好案件线索清理、结案与移交，顺利完成机构、职能、人员转隶。

2017年10月，中共中央办公厅印发《关于在全国各地推开国家监察体制改革试点方案》。《方案》指出，党中央决定，北京市、山西省、浙江省继续深化改革试点，其他28个省（自治区、直辖市）设立省、市、县三级监察委员会，整合反腐败资源力量，完成相关机构、职能、人员转隶，明确监察委员会职能职责，赋予惩治腐败、调查职务违法犯罪行为的权限手段，建立与执法机关、司法机关的协调衔接机制。

2017年11月4日,十二届全国人大常委会第三十次会议通过《关于在全国各地推开国家监察体制改革试点工作的决定》。《决定》指出,在各省、自治区、直辖市、自治州、县、自治县、市、市辖区设立监察委员会,行使监察职权。将县级以上地方各级人民政府的监察厅(局)、预防腐败局和人民检察院查处贪污贿赂、失职渎职以及预防职务犯罪等部门的相关职能整合至监察委员会。

经党中央批准,全国推开国家监察体制改革试点工作动员部署电视电话会议2017年11月11日在太原召开。中共中央政治局常委、中央纪委书记赵乐际在会上讲话强调,要牢牢把握关键环节,集中力量抓好转隶,完成监委组建挂牌,确保过渡期各项工作有机衔接。

2017年12月14日,曹建明就检察机关如何做好配合深化国家监察体制改革试点工作在辽宁省检察机关调研时强调,要牢牢把握改革试点关键环节,按照中央确定的"时间表"和"路线图",确保改革的各项部署要求在检察机关落到实处。要准确掌握本地区检察机关反贪、反渎、预防部门机构编制和转隶人员底数,按照中央要求,在省委统一领导下,确保人员、职能、机构平稳转隶。转隶,首先是人员转隶;而人员转隶,关键是思想上的转隶。转隶的同志要继续发扬检察机关的好传统、好经验、好作风,认真学习纪检监察干部政治坚定、敢于担当、作风优良、纪律严明的优良传统,真正做到合编、合心、合力。

● 事件影响

国家监察体制改革是事关全局的重大政治改革,是国家监察制度的顶层设计。深化国家监察体制改革的目标,是建立党统一领导下的国家反腐败工作机构。将检察机关反贪、反渎、预防等部门的职能划转到监察委员会、人员转隶到监察委员会,有利于整合反腐败资源力量,建立集中统一、权威高效的监察体系,履行反腐败职责,深入推进党风廉洁建设和反腐败斗争,构建不敢腐、不能腐、不想腐的有效机制。

● 各方观点

中国政法大学副校长马怀德:检察院的反贪、反渎和预防职务犯罪部门整建制转隶到监察委员会,成为监察委员会的内部职能部门,有助于对国家公职人员涉嫌职务犯罪的行为实施调查。

——2017年1月22日新华社

北京大学宪法与行政法研究中心主任姜明安:监察委合并检察院反贪、反渎局的力量,能够提高监察效率,节约人力物力。

——2017年2月28日《时代周报》

05 人民的名义：爆款电视剧传递反腐正能量

电视剧《人民的名义》部分演员。

图片来源：最高检影视中心

🔴 事件回放

由最高人民检察院影视中心、中共江苏省委宣传部、中央军委后勤保障部金盾影视中心、湖南广播电视台等单位联合出品的55集电视连续剧《人民的名义》，于2017年3月28日至4月28日在湖南卫视黄金档金鹰独播剧场播出。

该剧由有"中国政治小说第一人"之称的周梅森担任编剧，著名导演李路执导，一经亮相就被称为"史上最大尺度的剧"，其中涉及到的最大贪官达到副国级，表现反腐力度之大前所未有。

《人民的名义》一经播出，收视率一路高涨，相关话题持续刷屏各年龄阶层的朋友圈。百度指数显示，"人民的名义"一词，从2017年3月28日起快速上升，在4月9日整体搜索指数达到了4198117。新浪微舆情显示，"人民的名义"一词的热度指数在4月12日达到96.21的峰值，在相关的全部信息中，被提及频次最高的词语分别为"人民""名义""老戏骨""全集"等。

根据央视－索福瑞（CSM）公布的数据，《人民的名义》首播平均收视率3.66%，市场份额11.53%；2017年4月26日，单日收视率高达6.86%，收视份额超过20%；其中第49集收视率高达7.47%，CSM52城实时收视率一度破8%，以绝对实力碾压同期剧目，位列电视剧排行榜首。

同时，该剧在CSM52城首播观众规模累计达到7957.3万，在2.16亿电视人口中到达率36.8%；在全国地区观众规模累计达到4.71亿，在12.84亿电视观众中到达率36.7%。这表明无论核心城市还是全国地区，都有超过三分之一的观众收看此剧，刷新了省台卫视历史上所有收视纪录,创下近10年来国产电视剧的收视最高纪录,这在电视剧荧屏播出史上,亦属"现象级"大剧。

在网络平台上,《人民的名义》播放量也已突破210亿次,微博话题热度居高不下,有十几亿的受众参与讨论。该剧成为2017年的"爆款"电视剧,相关表情包也火遍朋友圈。

● 事件影响

在收视率和口碑"双丰收",成为"现象级"影视作品的同时,《人民的名义》还被国家新闻出版广电总局列为迎接党的十九大胜利召开献礼第一剧目。

《人民的名义》还获得第22届华鼎奖中国百强电视剧满意度调查"评委会年度特别大奖";入围第23届上海电视节"白玉兰"奖,提名最佳电视剧奖、最佳导演、最佳编剧、最佳女配角,获得最佳男配角奖;获得2017年互联网时代最具影响力影视作品等奖项。

● 各方观点

媒体评论员高伟:党的十八大以来,以习近平同志为核心的党中央铁腕反腐,取得了令人瞩目的成绩。将这一伟大实践搬上荧屏,进行艺术的再现,把握的是时代脉动,紧扣的是人民心声。我们的时代需要更多大气磅礴、充满正能量的电视剧,这样的匠心之作也当然能赢得青年观众的点赞。

——2017年4月7日《人民日报》

中国文艺评论家协会副主席、清华大学影视传播中心主任尹鸿:作为主旋律题材,《人民的名义》思想价值和艺术水准都值得称许,可谓将家国情怀与工匠精神有机结合的有益尝试。这部剧展现官场生态,主要是为了激浊扬清、匡扶正义。澄明时局、引人向善才是本片的终极价值追求,也是在当下最应该引发讨论和深思的地方。

——2017年4月12日《光明日报》

诺贝尔文学奖获得者、著名作家莫言:好的电视剧跟好的小说一样,都要把写人放在第一位,把塑造人物当作最重要的任务。电视剧《人民的名义》尤其成功的一点是人物塑造上,高玉良、李达康,个性都非常鲜明。

——2017年4月24日《南方都市报》

06 人工智能：
为司法办案插上科技之翼

全国检察机关智慧检务建设主题展览。

图片来源：《检察日报》

● 事件回放

2017年3月5日，在十二届全国人大五次会议上，国务院总理李克强在政府工作报告中指出，要全面实施战略性新兴产业发展规划，加快新材料、人工智能、集成电路、生物制药、第五代移动通信等技术研发和转化。"人工智能"这一表述，首次出现在政府工作报告中。

2017年，人工智能呈现出百舸争流的态势。2017年7月，《乌镇指数：全球人工智能发展报告（2017）》基于海量数据，描绘出人工智能全球发展的最新趋势，展示出各国在人工智能领域的竞争态势。数据显示，在人工智能专利数上，最近五年，美国平均每年增速为21.7%，中国平均增速为43%。

人工智能的快速发展，带来的是生产生活方式的巨大变化，也给政法工作带来深远影响。2017年7月，全国司法体制改革推进会披露，近年来，上海、贵州在推进以审判为中心的刑事诉讼制度改革中，创造性地运用大数据、人工智能破解难题，探索了一条司法体制改革和现代科技应用融合的道路，改变了许多传统的思想观念、工作方式，提高了管理、决策科学性，是一次历史性变革。

人工智能不仅深刻改变司法办案方式，也为检察机关为民司法、阳光司法提供了更加便捷的条件。为适应当前社会从信息时代迈向人工智能时代的大变革，2017年5月，最高人民检察院正式提出了"智慧检务4.0"的概念。

2017年9月26日，最高人民检察院检察长曹建明在全国检察机关智慧检务工作会议上表示，要探索"人工智能+司法为民"，拓展司法为民新领域、新渠道、新形式。

人工智能的应用为全国各级地方检察机关着手探索智慧检务新模式奠定了基础。以浙江省杭州市西湖区检察院为例,该院已实现远程视频办案,如公诉人办理一个运用简易程序的危险驾驶案件,提审、出庭、送达等均可在检察院内完成。

人工智能在防止冤假错案方面同样发挥着重要作用。江苏省检察机关研发的"案管机器人"对案件进行大数据分析,可自动向办案检察官发出期限预警、风险预警、办案活动差错提示,实现侦查、批捕、起诉的全程留痕、动态监控。

● 事件影响

为抢抓人工智能发展的重大战略机遇,构筑我国人工智能发展的先发优势,加快建设创新型国家和世界科技强国,2017年7月20日,国务院印发《新一代人工智能发展规划》,从国家层面对人工智能进行系统布局。按照规划,人工智能将"无时不有、无处不在",到2030年中国要成为世界主要"人工智能"创新中心。

以人工智能技术为支撑的信息流,已经发展成为数字时代人们获取信息的重要形态。实践也表明,人工智能的运用对于司法机关进一步整合司法资源、规范司法行为、深化司法公开、提升工作效能、服务群众等方面都起到了积极的推动作用。

● 各方观点

科技部党组书记、副部长王志刚: 与其他任何新技术一样,人工智能技术也是一把"双刃剑",在促进经济社会发展的同时,也可能带来改变就业结构、冲击法律与社会伦理、侵犯个人隐私、挑战国际关系准则等问题。在大力发展人工智能的同时,必须高度重视可能带来的安全风险挑战,加强前瞻预防与约束引导,最大限度降低风险,确保人工智能走上安全、可靠、可控的发展轨道。

——2017年7月22日新华社

中国法学会法治研究所副研究员刘灿华: 当人工智能发展到一个很高水平,以至于机器人能像人一样思考、一样地决定犯罪的时候,我们怎样去追究一个机器人的刑事责任?即使我们定罪了,我们又如何处罚一个机器人?现在这些都是无法解决的问题,当然,随着技术的发展,法律也会随之完善,这就需要我们共同努力,继续深化研究探讨。

——2017年12月8日《法制日报》

07 校园贷：须加强监管莫让其成"校园害"

对校园贷严加监管。

图片来源：《长沙晚报》

事件回放

无需任何担保和资质，只需填个表格，就能贷款几千甚至几万元。2017年以来，校园贷风波不断，裸贷、大学生负债跳楼等事件屡见报端。

2017年1月，甘肃省定西市警方抓获了杨某，他曾胁迫两名裸贷女子发生性关系。这是全国首例因裸贷而被刑拘的事件。2017年4月11日，因卷入校园贷，厦门华厦学院大二在校女生熊某不堪还债压力和催债电话骚扰选择自杀。

2017年全国两会期间，多位全国人大代表、政协委员建议规范校园借贷，引发社会公众对校园贷的强烈关注和探讨。

面对扭曲的校园贷，有关部门加大了对各个网贷平台业务的监督和整顿力度。2017年4月，银监会发布《关于银行业风险防控工作的指导意见》，明确指出要重点做好校园网贷的清理整顿工作。

2017年5月，银监会联合教育部、人社部发布《关于进一步加强校园贷规范管理工作的通知》，明确未经银行业监管部门批准设立的机构禁止提供校园贷服务，并要求《通知》下发后暂停网贷机构开展校园贷业务。

校园贷引发的问题也引起司法机关的关注。2017年1月召开的全国检察长会议明确提出，各级检察机关要认真研究校园贷引发的新问题，坚决惩治犯罪行为，防止电信网络诈骗的黑手伸向高校贫困学生。

校园贷的监管思路逐步清晰。在国家有关部门的严令下，尽管大多数网贷平台已经暂停了面向大学生的贷款服务,但也有一些网贷平台以"消费贷""培训贷""创业贷"等变种形式继续"顶风作案"。

2017年11月21日,互联网金融风险专项整治工作领导小组办公室发布《关于立即暂停批设网络小贷公司的通知》,明确要求各级小额贷款公司监管部门一律不得新批设网络小贷公司,禁止新增批小贷公司跨省(区、市)开展小额贷款业务。

2017年11月28日,国家互联网金融安全技术专家委员会发布《关于近期部分网贷平台涉嫌违规开展校园贷的巡查公告》,对一些涉嫌违规开展校园贷业务的网贷平台予以曝光,提出加强监管建议。

● 事件影响

考虑到大学生群体的金融需求,银监会鼓励银行等持牌金融机构进入校园市场。2017年5月,建设银行广东省分行发布业内首款针对在校大学生群体的互联网信用贷款产品——金蜜蜂校园快贷。中国银行也在2017年5月推出了"中银E贷·校园贷"产品,期限1年,最高贷款额8000元,并表示未来业务可能延长至3至6年。

2017年12月1日,互联网金融风险专项整治、P2P网贷风险专项整治工作领导小组办公室下发关于《规范整顿"现金贷"业务的通知》,要求网贷平台不得为在校学生、无还款来源或不具备还款能力的借款人提供借贷撮合业务。

● 各方观点

新闻评论员周俊生:我们不必苛求大学生必须过苦行僧生活,但校园贷的出现,鼓励大学生无视自己的还贷能力,进行超越自身条件的高消费,这对于他们实际上起到了一种非理性的引导作用。一旦出现被人逼债的情况,其学习都会遭遇严重影响。

——2017年5月22日《南方都市报》

中国人民大学金融科技与互联网安全研究中心主任杨东:国外有一些金融机构,校园贷业务做得较好,比如,桑坦德银行会根据学生的年级、地域、家庭情况的不同,提供分层次、个性化、多样化的金融服务。这也是校园贷及其他消费金融未来的一个发展趋势。

——2017年12月11日《经济观察报》

08 河长制：
强化考核问责推进依法治水管水

推行河长制加强水资源保护。

图片来源：百度漫画

●事件回放

2016年10月11日，中共中央总书记、国家主席、中央军委主席、中央全面深化改革领导小组组长习近平主持召开中央全面深化改革领导小组第28次会议，审议通过了《关于全面推行河长制的意见》。2016年12月11日，中共中央办公厅、国务院办公厅印发的《关于全面推行河长制的意见》公布，明确提出我国将在2018年年底前全面建立河长制。

《关于全面推行河长制的意见》明确提出，"依法治水管水，建立健全河湖管理保护监督考核和责任追究制度，拓展公众参与渠道，营造全社会共同关心和保护河湖的良好氛围"。"各级河长负责组织领导相应河湖的管理和保护工作，包括水资源保护、水域岸线管理、水污染防治、水环境治理等，牵头组织对侵占河道、围垦湖泊、超标排污、非法采砂、破坏航道、电毒炸鱼等突出问题依法进行清理整治，协调解决重大问题"。

2016年12月13日，水利部、环境保护部、发展改革委、财政部、国土资源部、住建部、交通运输部、农业部、国家卫计委、林业局等十部委在北京召开视频会议，部署全面推行河长制各项工作，确保如期实现到2018年年底前全面建立河长制的目标任务。

2017年8月，水利部全面推行河长制工作进展情况新闻发布会披露，当前各省份均已明确省级总河长和主要河湖的省级河长。其中，15个省份由党委和政府主要负责同志共同担任总河长;6个省份由党委主要负责同志担任总河长,政府主要负责同志担任副总河长;11个省份由政府主要负责同志担任总河长。全国共有306名省级河长,其中258名省级领导担任行政区域内主要河湖的省级河长。得益于河长制的推出,全国各个省市区的绝大多数河湖都实现了有人管、有制度管的新态势。

2017年11月11日,福建省河长制办公室公布消息称,福建省检察院在福建省河长办正式设立检察联络室,进一步完善了生态环境行政执法与刑事司法衔接工作机制,将福建河长制工作推上了新台阶。

● 事件影响

全面推行河长制是落实绿色发展理念、推进生态文明建设的内在要求,是解决我国复杂水问题、维护河湖健康生命的有效举措,是完善水治理体系、保障国家水安全的制度创新。

2017年11月20日,中共中央总书记、国家主席、中央军委主席、中央全面深化改革领导小组组长习近平主持召开的十九届中央全面深化改革领导小组第一次会议强调,在全面推行河长制的基础上,在湖泊实施湖长制。

● 各方观点

水利部发展研究中心教授级高级工程师姜斌:全面推行河长制,涉及众多领域、机构、群体,需要政府、企业、社会和个人共同发力,必须建立健全相关法律法规体系,为河长制的实施提供规范和支撑。

——2017年4月8日《光明日报》

环保部水环境管理司司长张波:河长制的核心思想是要让各级党委政府把主体责任担起来,或者说要让党委政府当中领导成员具体地把某一段河的水污染工作任务背起来,让责任更清晰。河长制实际上是协调机制,它一定要形成党委政府主导、部门齐抓共管、全社会共同参与的大格局。

——2017年3月21日《北京青年报》

09 雄安新区：从设立之初就严防炒房炒地

雄安新区 是继深圳经济特区和上海浦东新区之后又一具有全国意义的新区

地处：
北京
天津
保定腹地

规划范围：涉及河北省3县及周边部分区域
· 雄县
· 容城
· 安新

雄安新区示意图。

图片来源：百度图片

● 事件回放

2017年4月1日，新华社发布消息：日前，中共中央、国务院印发通知，决定设立河北雄安新区。这是以习近平同志为核心的党中央作出的一项重大的历史性战略选择，是继深圳经济特区和上海浦东新区之后又一具有全国意义的新区，是千年大计、国家大事。

雄安新区规划范围涉及河北省雄县、容城、安新3县及周边部分区域，地处北京、天津、保定腹地，区位优势明显、交通便捷通畅、生态环境优良、资源环境承载能力较强，现有开发程度较低，发展空间充裕，具备高起点高标准开发建设的基本条件。雄安新区规划建设以特定区域为起步区先行开发，起步区面积约100平方公里，中期发展区面积约200平方公里，远期控制区面积约2000平方公里。

2017年2月23日，习近平总书记专程到河北省安新县进行实地考察，主持召开河北雄安新区规划建设工作座谈会。他指出，规划建设雄安新区要突出七个方面的重点任务：一是建设绿色智慧新城，建成国际一流、绿色、现代、智慧城市。二是打造优美生态环境，构建蓝绿交织、清新明亮、水城共融的生态城市。三是发展高端高新产业，积极吸纳和集聚创新要素资源，培育新动能。四是提供优质公共服务，建设优质公共设施，创建城市管理新样板。五是构建快捷高效交通网，打造绿色交通体系。六是推进体制机制改革，发挥市场在资源配置中的决定性作用和更好发挥政府作用，激发市场活力。七是扩大全方位对外开放，打造扩大开放新高地和对外合作新平台。

党中央、国务院通知要求，各地区各部门要认真落实习近平重要指示，按照党中央、国务院决策部署，统一思想、提高认识、切实增强"四个意识"，共同推进雄安新区规划建设发展各项工作。

设立雄安新区的消息一出,各路炒房客纷纷奔向三县城。事实上,雄安新区已做好预案,实行了房屋等不动产、规划、土地、项目、户籍的冻结。雄县检察院出台相关意见,严厉打击不法企业、房地产黑中介借新区设立之机炒房、炒地、圈地囤地等行为。据了解,河北省三级检察院均成立了领导小组,并相继出台了立足检察职能、服务保障新区建设的实施方案和有关意见。

雄安新区环境保护问题也是社会关注的焦点。2017年11月13日,环保部与河北省人民政府签署了《推进雄安新区生态环境保护工作战略合作协议》。随后,河北省环保厅成立支持雄安新区生态环境保护工作领导小组和工作专班,全力支持雄安新区生态环境保护工作。

● 事件影响

设立雄安新区,是以习近平同志为核心的党中央深入推进京津冀协同发展作出的一项重大决策部署,对于集中疏解北京非首都功能,探索人口经济密集地区优化开发新模式,调整优化京津冀城市布局和空间结构,培育创新驱动发展新引擎,具有重大现实意义和深远历史意义。

● 各方观点

北京大学首都发展研究院院长、京津冀协同发展联合创新中心副主任李国平: 京津冀协同发展是国家的重大战略,从这个角度看,需要有一个重要的引擎或者牵引地区。同时,我们在几年前就成为世界第二大经济体,也面临着巨大的压力和挑战,就是人口经济密集区如何进行优化开发。这次雄安新区将作为集中疏解的承接地,这种模式将为未来中国很多区域疏解、承接起到示范作用。

——2017年4月2日《北京晚报》

京津冀协同发展专家咨询委员会组长、中国工程院主席团名誉主席徐匡迪: 按照中央要求,新区建设要走出新路。新区建设过程中要充分体现京津冀协同发展中河北"新型城镇化与城乡统筹示范区"的定位,探索在人口经济密集地区优化发展的新路。重点要因地制宜地制定政策,做好现代传统产业的整合和升级,做好就业保障;统筹好移民搬迁和城镇改造,让搬迁农民融入城镇生活;积极探索体制机制改革创新。

——2017年4月3日新华社

2017

中国法治蓝皮书

人物篇

——他们影响2017

2017

中国法治人物图鉴

01 孙宪忠：
民法总则的推动者

孙宪忠

● 人物速写

2017年3月15日，第十二届全国人民代表大会第五次会议通过了《中华人民共和国民法总则》（以下简称民法总则）。民法总则是民法典的总则编，其通过意味着中国民法典编纂的第一步顺利完成。对于这部民法总则，中国社会科学院法学所研究员、中国法学会民法学研究会副会长孙宪忠可谓贡献颇多。

一直以来，孙宪忠都是国内最好的民法学家之一，其著作《论物权法》《德国当代物权法》《国有土地使用权财产法论》等对法学界影响深远。早在1999年，孙宪忠即被中国法学会评为"中国杰出中青年法学家"。2006年，孙宪忠获得国务院特殊贡献专家津贴。

2013年，孙宪忠当选十二届全国人大代表。此后，孙宪忠连续4年在全国"两会"上提出了关于编纂民法典的议案。最初，孙宪忠建议"修订民法通则为民法总则、整合民法立法体系为民法典"，后来，孙宪忠又对"关于中国民法典中民法总则的编制体例"提出具体议案，甚至对"民法总则应该规定'客体'一章及该章编制方案"的具体问题表达了看法。

在孙宪忠与其他学者的一致呼吁下，民法典的编纂加快了脚步。2014年，十八届四中全会正式明确民法典编纂的立法任务。2016年，全国人大常委会法工委明确提出，民法典编纂将分"两步走"。同年，民法总则（草案）经过全国人大常委会三次审议。

全国人大常委会法工委提出的民法典"两步走"策略，正与孙宪忠最早提出的"修订民法通则为民法总则、整合民法立法体系为民法典"的议案相吻合。作为立法机关，全国人大常委会非常重视孙宪忠对民法典编纂的意见和看法。2016年,孙宪忠还受邀在十二届全国人大常委会第24讲专题讲座上主讲了中国民法典编纂中的几个重要问题。

"拿破仑一生当皇帝、打过大大小小的胜仗,但这都不算是他觉得太有意义的事,他认为真正有意义的是颁布了民法典。"孙宪忠说,他曾在数个场合借此来强调民法典对于一个国家的重要性。孙宪忠认为,民法的作用在于通过一个一个的法律规范,规范每个人的行为,使整个社会从本质上改进,"这是民法科学性的体现,中国制定民法典,它的功能也在于此"。

● 事件影响

民法总则的通过,是中国法治进步和完善的体现,它在广泛征求社会各界意见和建议、专家学者反复讨论和论证的基础上形成,其制订过程体现了科学立法、民主立法的精神,为民法典编纂工作开了一个好头。在这样的背景下,为这样一部法律鞠躬尽瘁的法学家们值得敬佩。

孙宪忠于2013年当选全国人大代表,在其位谋其事,连续数年呼吁民法典编纂,并对民法典编纂的纲领和细节都非常关注,提出了大量具有建设性意义的议案和建议,可谓为民法总则的出台奉献了许多心血。几代法学家孜孜以求的"民法典之梦",在以孙宪忠为代表的法学家的努力下得以初步实现,彰显了国家依法治国的伟大决心。

● 各方观点

媒体人侯梦菲: 孙宪忠曾在多个场合讲过同一个故事:拿破仑一生当皇帝、打过无数胜仗,但他做的真正有意义的事就是颁布了民法典。他借此来强调民法典对于一个国家的重要性。随着民法总则提请全国人代会审议,民法典的脚步越来越近了,孙宪忠却丝毫没有轻松感。"大体框架已经确定,但一些细节还需要斟酌。"

——2017年3月9日《河南日报》

中国社会科学院学部委员、法学所研究员梁慧星: 我们甚至可以期待,借助民法总则制定这个契机在一定程度上复兴中华法律思想。法律的素材源自一个民族的历史,源自一个民族自身内在的特质。脱离本民族历史的民法不可能是一部有生命力的法典。我国民法总则所采取的以民事权利为轴心的结构体系,完全是中国式的,对大陆法系传统民法总则的编制方法作出了大胆的超越和革新,鲜明地反映了我国民法典对中国本土元素的高度重视。

——2017年4月13日《人民日报》

02 孙国华：
首位走进中南海讲授法治课的法学家

孙国华

● 人物速写

　　2017年4月14日，93岁的中国人民大学教授孙国华因病在北京逝世。这位一生酷爱音乐的法学家，曾开玩笑说自己"因考了法学而耽误了音乐天才"，不过这一耽误反而成就了他在法学上的造诣。去世前，孙国华是中国人民大学荣誉一级教授，头顶着"法学泰斗""新中国法理学科奠基人"等光环。

　　孙国华还有个一度被忽视的身份——第一个走上中南海讲台的法学教授。1986年7月，孙国华被请进中南海，给胡耀邦等中央领导人上了集体学法的第一课，也成为中央领导集体学习的开端，到2002年十六大之后，正式形成了中央政治局集体学习制度。

　　那年7月3日，孙国华在时任司法部部长邹瑜的陪同下，走进中南海讲课。胡耀邦与他见面后，对他说，"先生应当坐在主座上"。孙国华讲课时针对当时中国社会存在的问题提出了一些看法，他坦诚地表示，权力还是过分集中，有时基层领导一句话就能将法律扔在一边，后来有人开玩笑说他讲课成了"告御状"。

　　讲课时，孙国华看到，中央领导听课时都作了笔记。讲课结束后，还有领导提出以后应安排讲刑法的内容，讲一讲政策与法律的关系问题。

　　正是孙国华的第一次讲课，促成了此后数十次中央领导集体学习的基本制度。党的十八大以来，中央政治局在请专家讲课的形式之外，还增加了"自学"等形式。科技部部长万钢主讲那一次，课堂还被设到了中南海外面。

　　除了给中央领导讲课，孙国华的法学造诣也非常高，被誉为"新中国法理学主要奠基人"

"马克思主义法理学的开创者"。孙国华主编了国内第一部法理学教材,为中国特色社会主义法学理论体系的建设和发展作出了开创性的贡献。孙国华的许多观点成为法学理论领域的通识性观点,引领了一大批后辈学者的研究道路。2012年,他被中国法学会授予"全国杰出资深法学家"称号。

孙国华也是著名的法学教育家。60多年来,孙国华兢兢业业、毫无懈怠,将自己对法学的热爱融入到崇高的教育事业之中。1986年,孙国华创建并主持了中国人民大学法理学博士点,亲自培养了数十名法理学博士。以孙国华的名义设立的"孙国华法学理论发展基金",致力于促进中国马克思主义法学理论研究,奖励后学,鼓励创新,取得了一大批优秀成果。

● 事件影响

孙国华逝世的消息,在法学界引起巨大反响,孙国华的许多同事、学生、亲友均表达了沉重的悼念。作为国内首屈一指的马克思主义法理学专家,孙国华一生投身法学研究和中国特色社会主义法学理论体系的建设,其研究成果也伴随着中国的强大和繁荣。"法是理与力的结合""权利是被认为正当的权力""法是对立中的统一"……孙国华为中国法理学留下了许多精辟而极具价值的理论成果。

作为第一个走进中南海讲课的法学教授,孙国华也用他的行动开创了中央领导集体学习的先河。这项不断丰富、创新的制度,不仅使得中央领导在学习专业知识时更加便利,也提供了专家与中央领导交流的珍贵机会,使得中国的社会、经济、法治建设能更好地向前发展。

● 各方观点

北京农学院文法学院副教授龚刚强:孙老师曾经无意间对自己的一生作了个概括:"我这辈子没做出什么,也就是没敢偷懒,没说假话。""没偷懒""没说假话",就这么简单的两条,我们可以扪心自问一下,谁做到了?更不用说经历过那些年代的人。

——2017年5月2日《法人》

中国人民大学法学院教授冯玉军:作为授业近20年的弟子,我一直受教于孙老师,他对我恩同再造、情同父子。他的人品和学问让我高山仰止,景行行止;虽不能至,然心向往之。老师的去世让我非常心痛,但我会永远记住老师给我的座右铭"做人做事做学问"。理论创新上"既不妄自菲薄,也不妄自尊大",并在他老人家革命乐观精神的鼓舞下继续前进。

——2017年6月15日《光明日报》

03 杜亚起：
驻守在司法最后一道关口的检察官

杜亚起

●人物速写

2017年6月30日，中央国家机关党代表会议选举产生出席党的十九大代表186名，其中，最高人民检察院刑事申诉检察厅申诉案件查办二处处长杜亚起就在其中，成了"四万里挑一"的党代表。

于英生、谭新善、陈满……近年来，一个个蒙冤昭雪的名字背后，都有这位20多年来默默坚守、执着于从蛛丝马迹中追寻正义的检察官。作为最高人民检察院刑事申诉厅的检察官，杜亚起身负审查刑事申诉案件的重任，在他的工作下，纠正了许多不易察觉的冤假错案。2014年，杜亚起被最高人民检察院荣记个人一等功。

2012年，安徽省"于英生杀妻案"由安徽省检察机关移送最高人民检察院提请抗诉，杜亚起所在的申诉案件查办二处负责该案审查。移送时，于英生已经服刑16年。在审查案卷时，杜亚起发现多处细节问题，在问题的引领下，杜亚起和同事们到安徽进行了全面复查，调查结果显示，于英生杀人案证据不足。

2013年5月，最高人民检察院就于英生案向最高人民法院提出再审建议。同年8月，经安徽省高级法院再审改判，于英生被宣告无罪释放。

2014年，杜亚起和同事们又办理了新疆"谭新善申诉案"。谭新善案中，案发现场是一个供热站，案卷显示，被害人是被谭新善持铁锹打死后拖入锅炉内焚烧的。因为对锅炉的运行原理不了解，杜亚起连夜"补课"，在了解锅炉的运行原理后发现，尸体进入锅炉的时间与原案卷记载的时间可能有出入。

2015年10月，最高人民检察院就谭新善案向最高人民法院提出抗诉。2016年8月，新疆维吾尔自治区高级法院对谭新善案改判，宣告谭新善无罪释放。

2014年7月，最高人民检察院刑事申诉检察厅对海南"陈满案"立案复查。杜亚起与同事们立刻赶到海口市，对陈满进行了提审。在提审过程中，杜亚起感受到陈满对自己供词的自信，直接回答、语气平稳，反映出来他在回答问题时是诚实可信的。随后，杜亚起等人又发现了案件的其他疑点。

2015年2月，最高人民检察院就陈满案向最高人民法院提出抗诉。2016年2月，浙江省高级法院宣判陈满无罪释放。

在办理了这些平反案件后，杜亚起认为，法律是维护公平正义的最后防线，而刑事申诉是司法救济的最后一道屏障，他会把好这最后一道关。"独立、敬畏、坚守"，是杜亚起心中不变的原则。

● 事件影响

从张氏叔侄案、呼格吉勒图案、聂树斌案到于英生案、陈满案，近年来，数起冤假错案得以纠正意味着中国法治的进步。在法治进步的道路上，杜亚起这样坚守法律的法律工作者贡献良多。

杜亚起的事迹，一方面反映了国家在法治的环境中塑造出来的优秀人格，应当为这样的个体喝彩；另一方面也反映了在国家法治机器的运作下，大量的冤假错案得以纠正，应当为这样的刑事案件申诉机制叫好。杜亚起的行为，也鼓舞着大量法律工作者坚信法律、坚守法律，"正义也许会迟到，但永远不会缺席"。

● 各方观点

媒体人郑赫南：态度郑重，追求精细，百分百投入……这些在杜亚起看来，是他和同事们都能做到的，更难的，是一次次百分百投入后发现案件没问题，却依然能保持初心，用质疑的眼光、探索的心境，去对待下一起案件。在尘世的喧嚣中，他始终坚守内心的宁静，凭一颗耐得住寂寞的匠心，在经年打磨之下，成为一种精神。

——2017年4月27日《检察日报》

媒体人王斗斗：人，总是该有所敬畏的。对此，杜亚起有两重定义：对人的生命和自由的敬畏，要求他必须严格标准，细之又细，去办好案子；对法律的敬畏，要求他必须严格按照法律规定，去进行相关工作，无论是实体的，还是程序的。

——2017年10月24日《法制日报》

04 赵薇：
因违规投资被处罚的明星

赵薇

● 人物速写

2017年11月9日，据媒体报道，证监会对赵薇、黄有龙等人控股的万家文化、龙薇传媒等公司涉嫌信息披露违法违规案已调查完毕，依法对万家文化、龙薇传媒以及黄有龙、赵薇、赵政、孔德永作出行政处罚和市场禁入。

曾经凭借"小燕子""依萍"等荧幕角色家喻户晓的赵薇，近年来成功转变角色，拍摄了电影《致我们终将逝去的青春》，成为国内知名导演。在演艺事业蒸蒸日上的同时，赵薇的经济头脑也为人所称道。有媒体报道，赵薇及其丈夫黄有龙在房地产、影视业等多个领域均有投资。2015年，通过投资阿里影业，赵薇在100天内净赚62亿港元。

根据证监会对赵薇的处罚告知书，赵薇控股的龙薇传媒在自身境内资金准备不足，相关金融机构融资尚待审批，存在极大不确定性的情况下，以空壳公司收购上市公司，且贸然予以公告，对市场和投资者产生了严重误导。因此，证监会对龙薇传媒、万家文化责令改正，给予警告，并处60万元罚款；对赵薇等人给予警告，分别处以30万元罚款，并采取5年证券市场禁入措施。

据悉，龙薇传媒于2016年11月2日成立，注册资本200万元，尚未实缴到位，未开展实际经营活动，总资产、净资产、营业收入、净利润都为零。2016年12月8日，龙薇传媒与万家文化开始商谈股份转让事宜，12月23日，龙薇传媒与万家集团签订《股份转让协议》，收购万家文化29.14%的股权。

这次收购共需资金30.6亿元,而龙薇传媒自有资金6000万元,剩余资金均为借入,杠杆比例高达51倍。证监会认为,龙薇传媒在收购前一个月才成立,也未进行资金的充分筹备,在境内可支付资金有限、金融机构拟融入资金缺乏充分准备的情况下,采取高杠杆收购方式,签订股权转让协议。在履行能力、履行结果不确切,收购行为真实性、准确性不能保证的情况下,贸然公布收购信息。其行为因其名人效应等因素叠加,严重误导市场及投资者,引发市场和媒体的高度关注,致使万家文化股价大幅波动,严重扰乱了正常的市场秩序。

证监会的调查结果公布后,国内多名律师发表公开声明,开始征集该收购案中蒙受损失的中小投资者,准备提起集体诉讼。

● 事件影响

2017年11月17日,国家新出台《关于规范金融机构资产管理业务的指导意见(征求意见稿)》中规定,杠杆收购将受到严格的控制。在现行的收购案例中,涉及到上市公司控制权更迭的案例几乎都会有杠杆收购出现。杠杆倍数越大,不确定的因素也就越大。赵薇违规投资案中,出现了51倍的杠杆,受到证监会的处罚,说明了国家金融监管机构正在加强去杠杆的决心。

60万元的罚款以及市场禁入的处罚对于赵薇等人来说微不足道,赵薇在违规投资一事中所受影响主要是信誉上的,但凭借对赵薇的处罚,证监会对广大投资者提了一个醒,切勿盲目跟风明星投资者,关注市场变化,多方位了解才能够避免此类事件的再次发生。

● 各方观点

时评人魏英杰:赵薇虽然在资本市场上屡有斩获,但说实话这并不完全归功于其资本运作能力,而在于其在影视资本领域"近水楼台先得月",拥有更多的资源实力而已。如果合法合规,赚多少钱都是她应得的。但从万家文化一事,赵薇应吸取教训,身为明星,更应谨守法规,取之有道。名声既可能带来更多便利,也可能加倍摧毁一切。

——2017年11月12日《钱江晚报》

时评人鲁员外:不安分的心或许还未满足,或许被更大的野心利用。随着证监会的一纸处罚,赵薇"女版巴菲特"的人设瞬间垮塌,变成了"割韭菜"的人。在中国炒股不易,散户往往赔多赚少,因此股民最痛恨"割韭菜者"。在此形势下,有大户公然来"割韭菜",而且还是头顶明星光环的大户,股民的愤怒可想而知了。

——2017年12月6日环球网

05 陈贤、曹旭：
当选全国道德模范的法援律师夫妻

曹旭和陈贤

🔴 人物速写

2017年11月17日，来自安徽的律师夫妇陈贤、曹旭因为其长年坚持法律援助和义务普法行为，被评为"全国道德模范"。在此之前，陈贤、曹旭两人曾一起荣获"1+1"中国法律援助志愿行动优秀律师、安徽省"最美人物"等称号。

2014年，40岁出头的陈贤报名参加了"1+1"中国法律援助志愿者行动，先后辗转西藏、内蒙古、新疆等条件艰苦的边疆地区进行法律援助。在陈贤的感召下，丈夫曹旭也追随妻子脚步，参加法律援助服务，两人成为该项法律援助行动中国内唯一一对"夫妻志愿者"。

2014年，陈贤法律援助的第一站是西藏自治区昌都市卡若区，她是当地有史以来的第一个职业律师。恶劣的气候环境、严重的高原反应、艰苦的生活条件没有让陈贤退缩，当陈贤办理完第一个案件，拿到工伤赔偿的藏族女孩紧紧抓住她的手，激动得热泪盈眶，陈贤也感受颇深。

一年里，陈贤在卡若区办结58件案件，为群众直接挽回经济损失100多万元。随着工作的深入，陈贤感受到边疆少数民族人民对法律援助和法律知识的渴求。援助任务到期后，陈贤主动向司法部申请留下来，组织考虑到她不适应高原气候的因素，将她派往了内蒙古自治区巴彦淖尔市乌拉特中旗。

在当志愿律师之前，陈贤与曹旭两人原本在安徽省滁州市经营着一家律师事务所，有着可观的经济收入。陈贤援藏的一年间，曹旭从妻子口中，也感受到法律援助的重要性。2015

年,曹旭也报名参加"1+1"中国法律援助志愿行动,被派往内蒙古自治区乌海市海南区。夫妻俩虽同在内蒙古,却相隔300多公里,坐车要辗转7个小时才能相见。大雪封山时,两人有时几个月都见不上一面。

在内蒙古的一年里,陈贤共办结85件案件,为当事人挽回直接经济损失200多万元。同年,曹旭办理民事、刑事、劳动仲裁案件51件,为当事人挽回经济损失60余万元。

随着法律援助工作的深入,陈贤、曹旭体会到,还有很多地方需要专业律师。2016年,陈贤、曹旭申请继续参加法律援助工作,同年又被一同派往新疆。陈贤说,只要社会需要、身体条件允许,就会一直将这项事业进行下去。

● 事件影响

作为靠办案生存的律师,放弃了不错的收入和稳定的生活,远赴环境恶劣的西北地区,进行法律援助工作,本身就已经值得敬佩。而恰恰是一对夫妻都作出了这种舍己为人的选择,则更让人动容。

2015年,在司法部、全国律协的工作下,全国首次实现无律师县问题全部解决,即全国再没有无律师的县级行政区划。在这项工作的背后,便是陈贤、曹旭这些舍弃优越生活条件、提供法律援助的伟大律师。对他们的事迹,如何赞美也不为过。他们以身作则的行为,势必影响更多的人走进缺少法律资源的地方,也一定会雁过留痕,提高所服务过的地区的法律水平。

● 各方观点

新疆维吾尔自治区昌吉回族自治州阜康市司法局党组书记多斯鲁克:曹律师援助的案件涉及回、汉、蒙古、维吾尔、哈萨克斯坦等多个民族的当事人,总能热心服务当事人,把当事人的利益最大化,当事人很满意,我们也很满意。曹律师是法律援助志愿行动的优秀使者。

——2017年8月9日《法制日报》

媒体人王晗笑:许多人想不明白,两口子都是律师,放弃可观的收入,放着家里安逸的日子不过,非要来这大西北援助,过着这种清苦的日子,图什么?也许,他们二人只知道,当看到那些期盼的、无助的、绝望的眼神,因自己尽心尽力为他们提供的法律帮助,脸上露出灿烂笑容的那一刻,他们觉得一切的付出都是值得的。

——2017年8月18日滁州文明网

06 北雁云依：
因取名不合法而落户被拒的女孩

北雁云依

🔴 人物速写

2017年11月底，最高人民法院发布第17批共5件指导性案例，山东省济南市历下区法院审理的"'北雁云依'诉济南市公安局历下区分局燕山派出所公安行政登记案"入选。因为此前陕西西安一名父亲给自己女儿取名"王者荣耀"，顺利地上了户口，如何给孩子取罕有名字成为公众热议的话题。

2009年，山东省济南市市民吕某给女儿起名为"北雁云依"，该名字既不随父姓，也不随母性，因此在办理户口时被历下区公安分局燕山派出所拒绝。同年12月17日，吕某以女儿"北雁云依"的名义向历下区法院提起行政诉讼，该案也成为全国首例姓名权行政诉讼案。

案件经过两次公开开庭，因案件涉及法律适用问题，历下区法院于2010年3月裁定中止审理，并向有权机关征询意见。2015年4月，历下区法院根据有权机关对"姓名权"作出的立法解释，决定恢复该案审理。

根据2014年11月1日十二届全国人大常委会第十一次会议通过的立法解释，"公民有下列情形之一的，可以在父姓和母姓之外选取姓氏：（一）选取其他直系长辈血亲的姓氏；（二）因由法定抚养人以外的人抚养而选取抚养人姓氏；（三）有不违反公序良俗的其他正当理由。少数民族公民的姓氏可以从本民族的文化传统和风俗习惯"。法院表示，"北雁云依"的姓名争议应属"（三）"中的情形，即其父母自创姓氏"北雁"，取自4首著名的中国古典诗词，寓意父母对女儿的美好祝愿。

法院审理认为，"北雁云依"父母这种仅凭个人喜好创设姓氏的做法具有明显的随意性，会造成对文化传统和伦理观念的冲击,违反了社会善良风俗和一般道德要求。

2015年4月25日,历下区法院作出判决,驳回"北雁云依"要求确认被告燕山派出所拒绝以"北雁云依"为姓名办理户口登记行为违法的诉讼请求。

● 事件影响

在法律上,一个人从出生开始,就拥有一种人格权,叫姓名权,每个人都可以自己决定、使用、变更自己的姓名并要求他人尊重自己的姓名。幼儿作为无民事行为能力人,其姓名权由父母代为行使。

然而,对于怎样行使姓名权,法律没有更详细的规定。"北雁云依"的出现,打破了中国自古以来以父母姓氏为自己姓氏的行使姓名权的规律,吕某夫妇自创姓氏的做法,近年来也极为罕见。该案在2009年进入司法程序时,国内还没有关于姓名权的立法解释,导致法院也无从判决。可以说,"北雁云依"的出现,催生了姓名权的立法解释,也使得人们更清晰地了解姓名权的行使规则。

● 各方观点

时评人马涤明:取什么名字,理论上是个人权利。但应看到,姓名是自己的符号,同时又具有强烈的社会性功能,还是公共管理离不开的个人身份识别符码,是公民作为民事主体参与社会活动的载体。它不可能完全由着自己性子来。"北雁云依"被拒登记案入选最高人民法院指导性案例,无关为姓名权设限,本质上还是对权利与法治原则、公序良俗关系的一次强调。

——2017年11月26日《新京报》

时评人沈彬:此案的社会价值在于划定了孩子姓名不能瞎取的红线。小案不小,最高人民法院将之列为指导性案例亦可见对公民权利之尊重。不过,此案另有特别值得关注的价值,正是在于法院认可不予登记孩子的"花样名称",不是基于公安机关的内部规章,而是基于全国人大常委会对于婚姻法、民法通则的释法。

——2017年11月27日新华网

07 孟庆甜：中国版"安珀警报"系统的维护者

孟庆甜

● 人物速写

2017年11月底，中央电视台举办了"2017年度法治人物评选活动"，公安部刑事侦查局打拐办副主任孟庆甜进入候选名单，成为35组候选人的其中一个。令人没想到的是，孟庆甜最终虽未获奖，但其所负责的公安部"团圆"系统却获得"年度最具网络影响力"奖项。

2016年5月15日，公安部发布消息，公安部刑事侦查局打拐办"团圆"系统正式上线。据介绍，它的上线，成功建立了一条儿童失踪信息发布的权威渠道，可以有效发动群众搜集拐卖犯罪线索。

"团圆"系统的工作机制并不复杂。以往，出现儿童失踪的报案后，公安机关会用发放寻人启事的方法寻找线索，但因为寻人启事打印出来再贴出去的过程耗费时间，加之需要人工张贴，范围又不可能太广，所以收效甚微。而"团圆"系统则通过网络发布儿童失踪信息，运用了"时空"（时间+空间）推送规则、"多APP响应"扩散机制，从而达到尽快找回失踪儿童的目的。

"团圆"系统还是警企合作的新典范。系统的实质是由阿里巴巴集团为全国打拐民警开发的一套警务协同程序。在系统内，全国6000名打拐民警可经互联网迅速进行信息交换和确认，并通过高德地图、新浪微博等多家APP迅速将信息准确推送给公众，大大提升公安民警打拐的效率。

孟庆甜是"团圆"系统的负责人。对于孟庆甜来说，"团圆"系统就是她的"另一个孩子"。日常的管理中，孟庆甜主要负责"团圆"系统的内容、功能设计与系统升级，并负责全国6000

多名打拐民警信息发布的管理工作，以及团圆官方微博的发布、运营。她组织负责了"团圆"系统2.0、3.0的上线工作，并代表"团圆"项目参加公安部改革创新大赛评比，荣获金奖。

根据公安部公布的数据，截至2017年9月1日，"团圆"系统上线以来，累计发送1918名儿童走失信息，共有5.3亿人接受了查找信息，找回失踪儿童1847名，找回率高达96.3%。

因为孟庆甜的杰出工作，2016年，国务院妇女儿童工作委员会授予孟庆甜"2011-2015年度全国实施妇女儿童发展纲要先进个人"荣誉称号。2017年，中华全国妇女联合会授予孟庆甜"全国维护妇女儿童权益先进个人"。

● 事件影响

"团圆"系统的出现，使得国内打拐进入了一个新的"互联网+"阶段。许多年前，中国一度是人口买卖较为严重的国家，因为人口增长的不均衡，大量妇女儿童被拐卖。2007年，公安部刑侦局打拐办成立以后，针对拐卖犯罪，警方进行了一系列专项打击行动，采取了许多预防措施，效果十分明显。而"团圆"系统的出现，则是将打拐变成全民皆可参与的一项行动，突破了警方人力物力的限制，对拐卖犯罪无疑是更进一步的打击和预防。

同时，"团圆"系统也让人想起美国和加拿大专门针对儿童失踪建立的预警平台"安珀警报"，它们同样都是利用互联网在一定范围内发送儿童失踪信息，进而促进失踪儿童被迅速找回的系统。国外的"安珀警报"已经实行很多年，现在中国也可以说有了自己的儿童失踪预警系统。孟庆甜作为"团圆"系统的负责人，其功劳不言而喻。

● 各方观点

阿里巴巴集团首席风险官刘振飞：我在阿里做过很多大项目，每做一个项目事前、事中、事后都会有人提出异议，唯独做"团圆"公益项目得到了一致认可。正常的应用都希望流量和使用频次越多越好，而"团圆"的终极诉求是，有一天人们不再需要它，那才是"团圆"最好的结局。

————2017年5月18日《中国青年报》

时评人莫宁：值得注意的是，"团圆"系统的建设应用除了展现出"互联网+"的巨大实效之外，也凸显出社会协作、资源融合的重要意义。在社会形势深刻变动和科技发展日新月异的今天，仅仅靠警方自身力量不可能包打天下，"团圆"系统的开发建设和应用发展，就与警方和优势互联网企业的紧密合作密不可分，这对于未来种种社会管理与服务水平的提升，也是非常有价值的经验。

————2017年5月18日《燕赵都市报》

08 陈昶屹：善办新型疑难案件的专家型法官

陈昶屹

● 人物速写

2017年12月4日，在中央电视台"2017年度法治人物"评选晚会上，北京市海淀区法院中关村法庭副庭长陈昶屹获评"年度法治人物"。中央电视台对陈昶屹的评语是："他是法律守护者、正义捍卫者，始终坚守着法治梦想，怀揣着为民的情怀，俯首躬行，只问奉献，深入法律研究，专办疑难杂案，在每一个判决中维护法律的公平正义，被群众亲切地赞誉为'办事公道，深得民心'的好法官。"

2005年，陈昶屹从中国人民大学硕士毕业，进入北京市海淀区法院民一庭工作，至今已有10年。其间，陈昶屹又考上中国人民大学民商法博士。

10年法官经历，陈昶屹一共审结各类案件2900余件，年均结案量360余件，几乎每天都要结案一起，而没有一个案件存在重大差错。

陈昶屹办过的名案中，包括北京大学诉邹恒甫名誉侵权案。当时邹恒甫拒绝接收法律文书，陈昶屹便通过海淀法院官方微博，向其说明送达方式和过程，公布联系方式，希望邹恒甫尽快联系法院并参加诉讼。此后，针对该案的证据交换程序、开庭程序、宣判程序，陈昶屹均发布公告，更大胆地提出通过法院微博对庭审全程公开。

经过公开审理，合议庭一致认为邹恒甫构成侵犯名誉权。陈昶屹修改了9次判决草稿，最终才作出判决。邹恒甫不服提出上诉后，判决被上级法院维持。同时，判决也得到了大多数网友的认同。

此外，陈昶屹还办过"蔡继明诉百度名誉侵权案"、首例"被遗忘权"案、"游客境外旅游死亡案"等具有重大社会影响的疑难复杂案件。

　　陈昶屹不仅业务出众,其法学研究的成果也非常丰富。他主持的国家级课题有2个,出版著作3部,在核心期刊上发表论文14篇,多次在全国法院系统学术讨论会、全国审判理论学术讨论会论文评比中获奖。陈昶屹还利用业余时间参与法治宣传,发表法学文章1200余篇,参加中央电视台、北京电视台等媒体做客访谈近百次。

　　在获得"2017年度法治人物"称号以后,最高人民法院也授予陈昶屹"我最喜爱的好法官"及"全国模范法官"的荣誉,并号召全国各级法院要广泛开展向其学习的活动。

● 事件影响

　　身为一名法官,陈昶屹是杰出的。陈昶屹长期在一线从事民事审判工作,审结的各类民商事案件,有大量都是新型疑难复杂案件。他敏锐把握互联网时代民事纠纷的动态,自觉运用法学研究成果攻克难题,在信息网络侵权等领域大胆探索,提出的4项创新成果被司法解释所吸收。

　　同时,陈昶屹作为高学历(博士)的法官,愿意扎根基层,为人民群众解决最关涉自身利益的问题。每年办案接近400起,便是解决了至少400个家庭上千人的麻烦,这才是法律和学法之人最应该归属的地方。陈昶屹就是法官中的"匠人"。

● 各方观点

　　媒体人林平:陈昶屹结案不仅多,而且难。在司法实践上,他专挑疑难杂症"下手",成为扎根基层的专家型法官,也因此获得了诸多荣誉。但在陈昶屹看来,再多的荣誉称号也比不上判决作品让其心潮澎湃,他想给历史留下点什么。"就像李白,他真正拥有的东西是诗篇,而不是给他一个诗仙的封号。"

——2017年10月20日澎湃新闻

　　媒体人刘婧:陈昶屹是一位出名的"博学法官",他先后拿到了管理学学士、经济法硕士、民商法博士、信息网络法博士后等,虽已学有大成,但他觉得还不够。"我们的许多陪审员都是经验丰富的技术骨干,在专业技术方面,我还有很多向他们学习请教的地方。"

——2017年12月15日《人民法院报》

09 法小淘：
国内首款智能分析案情的法律机器人

法小淘

🔴 人物速写

2017年，是被媒体称为"科技司法元年"的一年。然而，国内的首个法律机器人，在2016年年底即已经出现了。

2016年10月15日，浙江杭州的云栖大会上，无讼公司开发的法律机器人"法小淘"正式亮相，它被誉为"国内首款法律机器人"。

在产品发布会上，人们看到，用户可以通过手机上的应用与"法小淘"进行一对一语音对话，"法小淘"会向用户提供法律上的答疑解惑，根据用户的具体问题，进行初步的智能案情分析，然后通过案例、名片等数据进行匹配，推荐合适的诉讼法院、专业律师等。

此前，国外已有一些法律机器人的应用。比如，美国律所使用的人工智能律师"ROSS"，它能够自动检索法律文档数据库，找出与用户提出的问题相匹配的答案。目前，美国已有律所使用"ROSS"来协助处理企业破产相关事务。

"法小淘"的功能主要在于遴选律师。比如，如果用户提出了不正当竞争纠纷的案由，并且提供了纠纷双方公司所在地、涉案金额等内容，"法小淘"就会根据这些信息，从30万个律师的信息中筛找出3名最适合的律师，点击打开律师详情后，可以看到律师所在的律所、其办理同类案件的数量等。

"法小淘"的出现，无疑会提高法律服务的效率。如果选择律师的工作可以通过大数据来实现,一方面可以使得当事人和律师能有一个适当的结合,促使案件能更便利、更完美地解决;另一方面,也可以减少律师为了拓展人脉所要花费的精力,使律师更集中于处理案件。

在"法小淘"强大功能的背后,其实是大数据的发展起着支撑作用。无讼开发了无讼案例与无讼名片两个法律大数据产品,前者是一款智能案例检索工具,在库裁判文书量超过2800万份;后者则是一款基于案例大数据的律师名片,将律师与案例数据相关联,可以进一步获悉律师代理案件的专业领域和执业经验。

同时,"法小淘"还将具有先进的语言识别系统,无讼用机器学习的相关算法建立了一套文本与案例之间的初始相似模型,"法小淘"将不断从案例数据中汲取养分,在数据与数据间建立更加准确的广联。

● 事件影响

在无讼推出"法小淘"之后,一年多来,又有许多机构陆续推出各种功能的法律机器人。媒体甚至将2017年称为"科技司法元年"。比如深圳推出的智能法援机器人"法小宝"、一家网络科技公司推出的"法狗狗"一站式法律智能咨询工具等。国内的司法机关、律所开始越来越多地运用法律机器人提供法律服务。

AI进军法律界,在以往,是想都不敢想的事情。许多人认为,法律工作虽然有固定的程序、要严格按照法律办事,但少不了人的主观劳动。而法律机器人的出现,证实了法律工作也有一部分是机器人可以替代的,不仅可以替代,而且机器人可能做得更好。在某种意义上,"法小淘"等法律机器人的出现,可能是对传统法律工作概念一次极大的颠覆。

● 各方观点

媒体人林子桢、王逸吟:许多号称智能的法律产品,只是解决一些低附加值劳动工作的辅助工具,"人工智能"名难符实。法律AI是一场烧钱的竞赛,无论是官方背景的"国家队",还是市场化的玩家,无论是以法律人才与知识储备见长的传统律所向技术转型,还是科技企业涉足法律界,必须攻克法律智能领域的技术难题:机器人如何学习法律?

——2017年12月11日《财新周刊》

上海交通大学凯原法学院博士史宇航:对于人工智能来说,真正困难的工作可能在于大量现实中的法律问题并不存在标准答案,对于法律问题的解答需要包括利益、人情、机会等各方面的权衡,需要具有真正理解现实社会的能力,这对经验丰富的律师来说都未必是简单的工作。

——2017年7月20日《方圆》

10 守护者计划：
利用最新网络技术配合警方打击犯罪的公益团队

守护者计划

🔴 人物速写

2017年12月4日，中央电视台"2017年度法治人物"评选晚会上，主办方连续第二年将"年度法治人物"称号授予腾讯公司创立的"守护者计划"公益团队。"守护者计划"负责人汤锦淮等人到场领奖。

2016年4月1日，腾讯公司联合反电信网络诈骗的其他机构在北京发布了"守护者计划"，同时宣布成立全国首个反诈骗实验室。自成立以来，"守护者计划"连续出击，利用网络技术和大数据技术，对电信网络诈骗进行数据收集以及配合案件调查。

据了解，2017年，"守护者计划"协助各地警察机关，破获新型网络违法犯罪案件近150起，抓获犯罪人员约3500人，涉案金额近35亿元。

作为"守护者计划"安全团队的负责人，汤锦淮同时还是腾讯公司信息安全行业产品中心副总经理、"互联网+"合作事业部副总经理、"互联网+"创新研究中心主任。在加入腾讯公司之前，汤锦淮是一名精通网络案件侦查的公安民警，曾被公安部授予全国首批网络侦查专家称号。

在汤锦淮的带领下，"守护者计划"团队依托腾讯公司网络安全能力和大数据技术，筑起反诈骗立体技术防护体系，配合公安机关向电信网络犯罪开展打击行动，向广大网民发起宣传公益活动，取得优异成果。

协助警方侦查是"守护者计划"的核心工作。所办案件包括涉及50亿条公民信息的"9·27"特大窃取贩卖公民个人信息案、全国首例AI打码平台非法获取贩卖公民信息案、全国首例非法架设提供"秒拨"动态IP黑产服务案等,均为最新、最具影响力的典型案例。

2017年8月,在国务院打击治理电信网络新型违法犯罪部际联席会议办公室指导和支持之下,"守护者计划"发起反诈骗公益行动,呼吁更多人参与到反电信网络诈骗的行动中。团队邀请公安部刑侦局副局长陈士渠、明星李晨等人一起担任"守护者计划"公益行动形象大使,联合顺丰、滴滴、京东等近50家企业一体传播,并制作公益宣传片广泛传播,共计超过5500万人观看了反诈骗公益视频,有超过300万民众在线上加入"反诈骗行动派"阵营。

"守护者计划"还制订发布了2017年《反电信网络诈骗大数据报告》,其中第三季度数据显示,国内诈骗电话拨打1.97亿次,收到诈骗短信人数为556万人,诈骗总体损失金额44.1亿元,全国专线接到诈骗案件报案数量12.7万件。

● 事件影响

从2016年成立至今,无论是配合公安机关开展打击行动,还是向广大网民发起宣传公益活动,"守护者计划"均取得了优异的成果。其安全团队先后获颁深圳"打击治理电信网络新型违法犯罪先进集体"、中国互联网协会"具有推广价值的防范打击通讯信息诈骗创新实践案例"等荣誉称号。

"被骗的人就在身边,与犯罪分子作斗争,是一个全民的战争。"正如汤锦淮所说,冷漠面前人人都可能成为受害者,而在行动面前,人人都可以成为守护者。

● 各方观点

演员李晨:这些年来,电信网络诈骗愈演愈烈,从高考毕业生到大学教授、退休老人,都遭受巨大损失,这已经成为全社会都必须面对的问题,因此,电信网络诈骗亟须全民行动、立即行动。冷漠者的家人是骗子最好的猎物,太多人认为自己不会上当受骗而忽视诈骗信息,却可能让诈骗者得以继续存身,将黑手伸向别人,甚至自己的家人。

——2017年8月2日腾讯网

媒体人吴敬:实施一年多以来,"守护者计划"在行业联盟内共享安全数据、协同制止诈骗,使反诈骗模式从过去的"用户举报"变为"警方、运营商主动拦截防御",这种由"事后防御"变为"事前预警""事中拦截"的方式,一定程度上改变了一直以来反电信网络诈骗只能被动、挨打的状态。

——2017年8月2日中国新闻网

2017

中国法治观察

法律篇

——关乎中国人的方方面面

2017

中国法治大事记

01 民法总则：
更好地维护民事主体合法权益

图片来源：新华社

名称：中华人民共和国民法总则
颁布单位：全国人民代表大会
颁布日期：2017年3月15日
实施日期：2017年10月1日

● 内容摘要

2017年3月15日，第十二届全国人民代表大会第五次会议审议通过《中华人民共和国民法总则》（以下简称民法总则）。民法总则旨在保护民事主体的合法权益，调整民事关系，维护社会和经济秩序，适应中国特色社会主义发展要求，弘扬社会主义核心价值观，共11章206条，自2017年10月1日起施行。亮点颇多，主要有：

一、调整自然人民事权利能力和民事行为能力相关规定，更好地维护相关主体权益

民法总则对自然人民事权利能力和民事行为能力作了重要调整。一是保护胎儿权益，民法总则规定，涉及遗产继承、接受赠与等胎儿利益保护的，胎儿视为具有民事权利能力。二是将原来的限制民事行为能力人的最低年龄由十周岁改为八周岁。民法总则规定，八周岁以上的未成年人为限制民事行为能力人，实施民事法律行为由其法定代理人代理或者经其法定代理人同意、追认，但是可以独立实施纯获利益的民事法律行为或者与其年龄、智力相适应的民事法律行为。

二、完善监护和赡养相关规定，更好地呵幼护老

针对之前法律对监护和赡养规定相对粗疏的情况，民法总则对此进行了完善。一是用14个条文规范监护制度，强调监护人的法定监护职责，完善监护权。民法总则对监护制度更加重视，明确监护人有实施严重损害被监护人身心健康行为、怠于履行监护职责，或者无法履行监护职责并且拒绝将监护职责部分或者全部委托给他人，导致被监护人处于危困状态的、实施严重侵害被监护人合法权益的其他行为等情形的，法院将根据有关个人或者组织的申请，撤销其监护人资格，安排必要的临时监护措施，并按照最有利于被监护人的原则依法指定监护人，可由有关个人和组织担任监护人，包括：其他依法具有监护资格的人，居民委员会、村民委员会、学校、医疗机构、妇女联合会、残疾人联合会、未成年人保护组织、依法设立的老年人组织、民政部门等。特别规定，个人和民政部门以外的组织未及时向人民法院申请撤销监护人资格的，民政部门应当向人民法院申请。二是明确具有完全民事行为能力的成年人，可以与其近亲属、其他愿意担任监护人的个人或者组织事先协商，以书面形式确定自己的监护人。协商确定的监护人在该成年人丧失或者部分丧失民事行为能力时，履行监护职责。

三、调整诉讼时效规定，更好地保障权利人诉讼权利

民法总则规定，向法院请求保护民事权利的诉讼时效期间为三年（原为两年）。特别规定，未成年人遭受性侵害的损害赔偿请求权的诉讼时效期间，自受害人年满十八周岁之日起计算。

民法总则还对个人信息、虚拟财产等保护、民事责任等分别予以规定和完善。比如，该法明确规定自然人的个人信息受法律保护。任何组织和个人需要获取他人个人信息的，应当依法取得并确保信息安全，不得非法收集、使用、加工、传输他人个人信息，不得非法买卖、提供或者公开他人个人信息，等等。

● 法治意义

民法总则的颁布，是2017年的重大法治事件，也是新中国立法史上具有里程碑意义的大事，其法治意义重大。民法总则的颁布，意味着中国特色社会主义法律体系日益完善；意味着新中国民法典编纂第一步获得成功，我国民法开始进入新的历史阶段；也意味着治国理政新理念的民法表达。可以说，这是一部适应中国特色社会主义发展要求，弘扬社会主义核心价值观，体现时代精神，维护社会和经济秩序的民法典，对于提高我国国家治理体系和治理能力现代化水平具有重要作用。

02 红十字会法修订：强化监督增设法律责任

图片来源：新华社

名称：中华人民共和国红十字会法
颁布单位：全国人民代表大会常务委员会
颁布日期：2017年2月24日
实施日期：2017年5月8日

● 内容撷要

2017年2月24日，十二届全国人大常委会第二十六次会议修订通过《中华人民共和国红十字会法》(以下简称红十字会法)。修订后的红十字会法再次强调红十字会的组织性质是从事人道主义工作的社会救助团体，并在宗旨中增加了"维护人的尊严"一项，进一步完善了红十字会的职责、监督制度和信息公开制度等内容。修订后的红十字会法自2017年5月8日起施行，主要内容有：

一、进一步明确红十字会职责

修订后的红十字会法明确了"三献"工作，即红十字会三项具体的职责：一是参与、推动无偿献血工作，主要是配合政府和卫生行政部门进行无偿献血的宣传、动员和组织工作，对积极参加献血或者在献血工作中作出显著成绩的单位和个人给予表彰。二是参与、推动遗体和人体器官捐献工作，主要具体承担人体器官捐献的宣传倡导、报名登记、见证获取、缅怀纪念等职责。三是参与开展造血干细胞捐献的相关工作，主要是造血干细胞捐献的宣传动员、资料入库、检索配型、捐受双方联系等。参与、推动无偿献血、遗体和人体器官捐献工作，参与开展造血干细胞捐献的相关工作，同时需"组织开展红十字志愿服务"。

二、增设专章明确法律责任

从规范红十字会及其工作人员行为方面,该法明确规定,对于违背募捐方案等违法行为,由同级政府审计、民政等部门责令改正;情节严重的,对直接负责的主管人员和其他直接责任人员依法给予处分;造成损害的,依法承担民事责任;构成犯罪的,依法追究刑事责任。这些应当承担法律责任的行为包括:违背募捐方案、捐赠人意愿或者捐赠协议,擅自处分其接受的捐赠款物的;私分、挪用、截留或者侵占财产的;未依法向捐赠人反馈情况或者开具捐赠票据的;等等。

三、进一步完善监督制度和信息公开制度

修订后的红十字会法明确规定,红十字会应当建立财务管理、内部控制、审计公开和监督检查制度。应当及时聘请依法设立的独立第三方机构,对捐赠款物的收入和使用情况进行审计,将审计结果向红十字会理事会和监事会报告,并向社会公布。应建立健全信息公开制度,规范信息发布,在统一的信息平台及时向社会公布捐赠款物的收入和使用情况,接受社会监督。红十字会财产的收入和使用情况依法接受政府审计等部门的监督,红十字会接受社会捐赠及其使用情况,依法接受民政部门的监督。

● 法治意义

修订后的红十字会法,旨在规范、监督红十字会依法履行职责,旨在为保障红十字会依法履职、提升红十字会公信力、推动红十字事业持续健康发展,创造良好的法律环境。同时,修订后的红十字会法,对红十字会内部治理结构作出了新的规定,为推进红十字会改革提供了依据;拓展和完善了红十字会的法定职责,使"三献"工作有法可依;对于充分发挥红十字会在人道工作领域的重要作用,促进中国特色红十字事业的健康发展,具有重大现实和历史意义。特别值得一提的是,该法强调红十字会及其工作人员如果存在侵犯红十字会权益行为的,都要区别不同情况承担法律责任。这些新增条款必将对捐赠人的保护,对红十字会的名誉保护、品牌标志保护、财产保护以及其他合法权益的保护起到非常重要的作用。

03 国家情报法：
让情报工作有法可依

图片来源：中新网

名称：中华人民共和国国家情报法
颁布单位：全国人民代表大会常务委员会
颁布日期：2017年6月27日
实施日期：2017年6月28日

🔴 内容撷要

2017年6月27日，十二届全国人大常委会第二十八次会议通过《中华人民共和国国家情报法》（以下简称国家情报法），自2017年6月28日起施行。该法旨在加强和保障国家情报工作，维护国家安全和利益，共五章32条，分别为总则、国家情报工作机构职权、国家情报工作保障、法律责任和附则。主要内容有：

一、明确国家情报工作应坚持总体国家安全观

国家情报法明确规定，国家情报工作坚持总体国家安全观，为国家重大决策提供情报参考，为防范和化解危害国家安全的风险提供情报支持，维护国家政权、主权、统一和领土完整及人民福祉、经济社会可持续发展和国家其他重大利益。

二、明确国家情报体制和工作原则

国家情报法明确规定，国家建立健全集中统一、分工协作、科学高效的国家情报体制，遵循三项原则：一是公开工作与秘密工作相结合原则，二是专门工作与群众路线相结合原则，三是分工负责与协作配合相结合原则。同时强调，任何组织和公民都应当依法支持、协助和配合国家情报工作，保守所知悉的国家情报工作秘密。

三、明确国家应对个人和组织合法权益给予保护

国家情报法明确规定,国家对支持、协助和配合国家情报工作的个人和组织给予保护。国家情报工作应当依法进行,尊重和保障人权,维护个人和组织的合法权益。同时,国家对在国家情报工作中作出重大贡献的个人和组织给予表彰和奖励。

四、明确国家情报工作机构主要职权

主要包括:一是进入限制场所调查、了解问询相关人员和查阅调取资料。国家情报工作机构工作人员依法执行任务时,按照国家有关规定,经过批准,出示相应证件,可以进入限制进入的有关区域、场所,可以向有关机关、组织和个人了解、询问有关情况,可以查阅或者调取有关的档案、资料、物品。二是通行便利。国家情报工作机构工作人员因执行紧急任务需要,经出示相应证件,可以享受通行便利。三是依法征用权力。国家情报工作机构工作人员根据工作需要,按照国家有关规定,可以优先使用或者依法征用有关机关、组织和个人的交通工具、通信工具、场地和建筑物,必要时,可以设置相关工作场所和设备、设施,任务完成后应当及时归还或者恢复原状,并依照规定支付相应费用;造成损失的,应当补偿。四是免检权力。国家情报工作机构根据工作需要,按照国家有关规定,可以提请海关、出入境边防检查等机关提供免检等便利。同时强调,国家加强国家情报工作机构建设,对其机构设置、人员、编制、经费、资产实行特殊管理,给予特殊保障。

五、规定四个方面法律责任

该法对四个方面的行为予以规制:一是违反本法规定,阻碍国家情报工作机构及其工作人员依法开展情报工作的。二是泄露与国家情报工作有关的国家秘密的。两种行为都可以由国家情报工作机构建议相关单位给予处分或者由国家安全机关、公安机关处警告或者十五日以下拘留;构成犯罪的,依法追究刑事责任。三是冒充国家情报工作机构工作人员或者其他相关人员实施招摇撞骗、诈骗、敲诈勒索等行为的,依照治安管理处罚法的规定处罚;构成犯罪的,依法追究刑事责任。四是明确国家情报工作机构及其工作人员有超越职权、滥用职权,侵犯公民和组织的合法权益,利用职务便利为自己或者他人谋取私利,泄露国家秘密、商业秘密和个人信息等违法违纪行为的,依法给予处分;构成犯罪的,依法追究刑事责任。

● 法治意义

国家情报法的颁布实施,是完善国家安全法律体系的需要,更是社会主义民主法治建设的客观要求,是实现全面依法治国不可或缺的重要一环,是加强和保障国家情报工作的重要保障,也是防止情报工作在某些情况下偏离维护国家安全的正确轨道、对国家安全造成不利影响的法律措施。国家情报法的颁布施行,将带来深远影响,也促使我国情报工作走向前台,从此有法可依。

04 国歌法：增强公民的国家观念

图片来源：《河南法制报》

名称：中华人民共和国国歌法
颁布单位：全国人民代表大会常务委员会
颁布日期：2017年9月1日
实施日期：2017年10月1日

● 内容摘要

2017年9月1日，《中华人民共和国国歌法》获十二届全国人大常委会第二十九次会议表决通过，于2017年10月1日起施行。该法是为了通过国家立法对国歌的奏唱场合、奏唱礼仪和宣传教育进行规范而制定的法律。

为了维护国歌的尊严，规范国歌的奏唱、播放和使用，增强公民的国家观念，9月1日，全国人民代表大会常务委员会通过《中华人民共和国国歌法》（以下简称国歌法），于10月1日起实施。该法规定了国歌标准曲谱的审定、发布和使用，明确了对侮辱国歌等行为的处罚，主要内容有：

一、明确奏唱和使用严肃性、规范性

该法规定，奏唱国歌，应当按照本法附件所载国歌的歌词和曲谱，不得采取有损国歌尊严的奏唱形式。奏唱国歌时，在场人员应当肃立，举止庄重，不得有不尊重国歌的行为。

二、明确国歌纳入中小学教育

该法规定，中小学应当将国歌作为爱国主义教育的重要内容，组织学生学唱国歌，教育学生了解国歌的历史和精神内涵、遵守国歌奏唱礼仪。

三、明确侮辱国歌等行为的处罚

在公共场合，故意篡改国歌歌词、曲谱，以歪曲、贬损方式奏唱国歌，或者以其他方式侮辱国歌的,由公安机关处以警告或者十五日以下拘留;构成犯罪的,依法追究刑事责任。

值得注意的是,2017年11月4日《中华人民共和国刑法修正案(十)》(以下简称刑法修正案(十))颁布实施。该修正案旨在惩治侮辱国歌的犯罪行为,切实维护国歌奏唱、使用的严肃性和国家尊严。

刑法修正案(十)明确规定,在刑法第299条中增加一款作为第二款,将该条修改为:

"在公共场合,故意以焚烧、毁损、涂划、玷污、践踏等方式侮辱中华人民共和国国旗、国徽的,处三年以下有期徒刑、拘役、管制或者剥夺政治权利。

"在公共场合,故意篡改中华人民共和国国歌歌词、曲谱,以歪曲、贬损方式奏唱国歌,或者以其他方式侮辱国歌,情节严重的,依照前款的规定处罚。"

此外,2017年11月4日,十二届全国人大常委会第三十次会议还发布了两个决定:"在《中华人民共和国香港特别行政区基本法》附件三中增加全国性法律《中华人民共和国国歌法》。""在《中华人民共和国澳门特别行政区基本法》附件三中增加全国性法律《中华人民共和国国歌法》。"这意味着,国歌法作为全国性法律,在香港特别行政区、澳门特别行政区同样适用。

🔴 法治意义

2004年十届全国人大二次会议通过宪法修正案,明确规定"中华人民共和国国歌是《义勇军进行曲》"。国歌所承载的爱国情怀、忧患意识和奋勇前行的民族精神深入人心,但是,由于缺乏法律规范和意识缺位等原因,在一些场合使用国歌并不规范。国歌是宪法确立的国家重要象征和标志,因此制定一部专门的国歌法,非常必要:一是通过国家立法对国歌的奏唱场合、奏唱礼仪和宣传教育等进行规范,保证宪法规定的有效实施;二是增强国歌奏唱的严肃性和规范性,明确个人、部门、政府对国歌奏唱的具体法律责任,特别是明确规定侮辱或破坏国歌形象行为的法律责任;三是维护国家尊严,提升公民的国家观念和爱国意识,培育和践行社会主义核心价值观,弘扬以爱国主义为核心的伟大民族精神,激励全国各族人民为实现中华民族伟大复兴的中国梦而共同奋斗。

05 核安全法：
依法强化安全防范措施

图片来源：《华夏时报》

名称：中华人民共和国核安全法
颁布单位：全国人民代表大会常务委员会
颁布日期：2017年9月1日
实施日期：2018年1月1日

● 内容撷要

2017年9月1日，第十二届全国人民代表大会常务委员会第二十九次会议通过《中华人民共和国核安全法》（以下简称核安全法），自2018年1月1日起施行。该法旨在保障核安全，预防与应对核事故，安全利用核能，保护公众和从业人员的安全与健康，保护生态环境，促进经济社会可持续发展。核安全法在法律层面对核安全的基本原则、制度及监督管理体制等重大问题作出规定，主要内容有：

一、明确国家坚持理性、协调、并进的核安全观

核安全法明确规定，要加强核安全能力建设，保障核事业健康发展，强调从事核事业必须遵循确保安全的方针。明确国家坚持理性、协调、并进的核安全观，要求核安全工作必须坚持安全第一、预防为主、责任明确、严格管理、纵深防御、独立监管、全面保障的原则。

二、明确各相关主体的核安全责任

核安全法明确规定，核设施营运单位对核安全负全面责任。核设施营运单位应当具备保障核设施安全运行的能力，应设置核设施纵深防御体系，有效防范技术原因、人为原因和自然灾害造成的威胁，确保核设施安全。应当对核设施进行定期安全评价，并接受国务院核安全监督管理部门的审查。为核设施营运单位提供设备、工程以及服务等的单位，也应当负相应责任。国务院核安全监督管理部门负责核安全的监督管理。任何单位和个人不得危害核设施、核材料安全。

三、明确核安全事故的应急制度

在管理制度上，该法明确规定，国家根据对核设施的性质和风险程度等因素，对核设施实行分类管理。同时明确规定，国家建立核设施安全许可制度、建立放射性废物管理许可制度。除了法律规定的四种特定情形，核设施建造许可证的有效期不得超过十年。有效期届满，需要延期建造的，应当报国务院核安全监督管理部门审查批准。

特别值得注意的是，核安全法针对核事故应急准备与响应制度作出了详细规定，如涉及对核事故应急预案、应急演练、应急经费保障、应急救援、应急信息发布、事故调查等。

四、强化信息公开和公众参与

该法明确规定，国务院有关部门及核设施所在地省、自治区、直辖市人民政府指定的部门应当在各自职责范围内依法公开核安全相关信息。国务院核安全监督管理部门应当依法公开与核安全有关的行政许可，以及核安全有关活动的安全监督检查报告、总体安全状况、辐射环境质量和核事故等信息。核设施营运单位应当公开本单位核安全管理制度和相关文件、核设施安全状况、流出物和周围环境辐射监测数据、年度核安全报告等信息。对依法公开的核安全信息，应当通过政府公告、网站以及其他便于公众知晓的方式，及时向社会公开。特别强调，核设施营运单位和核设施所在地省、自治区、直辖市人民政府应当就涉及公众利益的重大核安全事项通过问卷调查、听证会、论证会、座谈会，或者采取其他形式征求利益相关方的意见，并以适当形式反馈。

此外，核安全法还专章规定了法律责任，对相关责任人可以依法给予处分、治安管理处罚等，对相关单位可以责令改正、给予警告、处二十万元以上一百万元以下的罚款、责令停止建设或者停产整顿等。违反本法规定，构成犯罪的，依法追究刑事责任。

● 法治意义

核安全法的制定和颁布，具有重大意义：一是保障我国核事业发展的客观要求。核安全法一方面可以依法强化安全防范措施；另一方面可以依法加大核安全科普宣传，增强公众对核安全知识的了解，引导公众正确、科学认知我国核安全状况。二是完善核安全法律体系的需要，如果对核安全基本方针、原则，法律制度、措施的建立和实施，核安全责任、公众参与及监督管理体制等重大问题不作出规定，就无法适应核安全工作的实际需要。三是有利于强化核安全监管工作，核安全法进一步理顺了对行业管理与监督的职责，实现运营与监管的分工，提高核安全监管工作的相对独立性和有效性。四是促进我国核安全国际合作的需要。核安全立法有利于树立我国良好的国际形象，坚定国际社会对我国核安全的信心，也有利于我国"核电走出去"战略的实施。

06 修改法官法等八部法律：完善法律职业准入制度

图片来源：央视网

名称：全国人民代表大会常务委员会关于修改《中华人民共和国法官法》等八部法律的决定
颁布单位：全国人民代表大会常务委员会
颁布日期：2017年9月1日
实施日期：2018年1月1日

● 内容摘要

2017年9月1日，全国人大常委会颁布关于修改《中华人民共和国法官法》等八部法律的决定（以下简称《决定》），修改《中华人民共和国法官法》等八部法律，包括：《中华人民共和国法官法》《中华人民共和国检察官法》《中华人民共和国公务员法》《中华人民共和国律师法》《中华人民共和国公证法》《中华人民共和国仲裁法》《中华人民共和国行政复议法》《中华人民共和国行政处罚法》。《决定》自2018年1月1日起实施。

对八部法律的修改，旨在完善法律职业准入制度，健全国家统一法律职业资格考试制度，对有关法律中涉及法律职业资格制度等部分条款进行修改补充。主要有如下内容：

一、明确法律职业人员范围

为了完善法律职业资格制度，应当将通过国家统一司法考试的人员，从法官、检察官、律师、公证员扩大到从事行政处罚决定审核、行政复议、行政裁决的工作人员，以及法律顾问、仲裁员（法律类），同时将"国家统一司法考试"修改为"国家统一法律职业资格考试"。对法官法等八部法律作出了相应修改。

二、明确取得法律职业资格的条件

修改后法官法等八部法律明确规定,从事法律职业的人员,应当通过国家统一法律职业资格考试取得法律职业资格。国家统一法律职业资格考试由国务院司法行政部门商最高人民法院、最高人民检察院等有关部门组织实施。

三、明确有关禁止从事法律职业的情形

法官法、检察官法和公务员法分别规定了不得担任法官、检察官和公务员的情形。此次修改,在律师法、公证法中增加规定:被吊销律师、公证员执业证书的申请人不得担任律师、公证员;被吊销律师、公证员执业证书的,不得担任辩护人、诉讼代理人,但系刑事诉讼、民事诉讼、行政诉讼当事人的监护人、近亲属的除外。

四、法律职业资格制度与国家统一司法考试制度的衔接

修改后律师法明确规定,实行国家统一法律职业资格考试前取得的国家统一司法考试合格证书、律师资格凭证,与国家统一法律职业资格证书具有同等效力。

● 法治意义

完善法律职业资格制度,是党的十八届四中全会提出的重要任务,是加强法治工作队伍建设的基础性工程,对推进法治工作队伍正规化、专业化、职业化,提高法治工作质量和效率,维护国家安全和社会秩序,维护社会公平正义,具有重要意义。八部法律的统一修改对法律职业人员范围、取得法律职业资格的条件、禁止从事法律职业的情形等作出规定,为推进法律职业资格制度提供法律保障。

07 修改会计法等十一部法律：依法推进简政放权

图片来源：中国人大网

名称：全国人民代表大会常务委员会关于修改《中华人民共和国会计法》等十一部法律的决定
颁布单位：全国人民代表大会常务委员会
颁布日期：2017年11月4日
实施日期：2017年11月5日

🔴 内容撷要

　　2017年11月4日，全国人大常委会颁布关于修改《中华人民共和国会计法》等十一部法律的决定（以下简称《决定》），这十一部法律具体包括：《中华人民共和国会计法》《中华人民共和国海洋环境保护法》《中华人民共和国文物保护法》《中华人民共和国海关法》《中华人民共和国中外合作经营企业法》《中华人民共和国母婴保健法》《中华人民共和国民用航空法》《中华人民共和国公路法》《中华人民共和国港口法》《中华人民共和国职业病防治法》《中华人民共和国境外非政府组织境内活动管理法》。主要有如下方面内容：

　　一、关于取消行政审批事项涉及法律规定的修改

　　此次修改取消了11项行政审批，对上述11部法律相关条款作了修改，分别是：海洋环境保护法第30条规定的地方实施的入海排污口位置审批；文物保护法第40条、第56条规定的国有文物收藏单位之间因举办展览、科学研究借用馆藏一级文物审批，文物商店销售文物的售前审批；海关法第33条规定的从事加工贸易业务审批和加工贸易保税进口料件或者制成品转内销审批；中外合作经营企业法第12条规定的中外合作经营企业委托经营管理合同审批；母婴保健法第22条、第33条规定的家庭接生员技术合格证书核发；公路法第61条规定的国道收费权转让审批和国道以外的其他公路收费权转让审批；港口法第17条规定的港口的危险货物作业场审批；职业病防治法第35条规定的实施卫生除害处理的专用场所审批，职业健康检查机构审批。

二、关于取消职业资格事项涉及法律规定的修改

对会计法第38条作了修改，取消了会计从业资格认定，并对第32条、第40条、第42条、第43条、第44条相关规定作了相应修改。同时，对境外非政府组织境内活动管理法第24条关于境外非政府组织代表机构应当聘请具有中国会计从业资格的会计人员进行会计核算的规定一并作了修改。

三、工商登记前置审批的改革涉及法律规定的修改

对民用航空法第147条的相关规定作了修改，明确规定从事经营性通用航空的，办理工商登记不再需要前置审批，也即，不再要求须取得经营许可证才可以办理工商登记。

四、关于企业投资项目核准前置审批改革涉及法律规定的修改

为进一步优化审批流程，提高审批效率，对文物保护法第20条规定的文物保护措施审批由项目核准的前置审批改为并联审批。修改后，对于文物保护单位实施原址保护的，文物保护措施审批不再作为建设项目核准的前置条件，只需在项目开工前完成，与项目核准并联办理，未经文物行政部门批准不得开工建设。

● **法治意义**

取消相关行政审批和职业资格认定事项，修改完善相关行政审批程序，对于激发市场、社会的创造活力具有较大的推动力。为了依法推进简政放权、放管结合、优化服务改革，更大程度激发市场、社会的创造活力，依据《决定》，国务院对取消行政审批项目涉及的行政法规进行了清理，决定对两部行政法规的部分条款予以修改，同时，通过修改中外合作经营企业法实施细则、母婴保健法实施办法两部行政法规的3个条款，取消了中外合作经营企业委托经营管理合同审批、家庭接生员技术合格证书核发两项由地方实施的审批项目，并充分体现按照"放管服"改革加强后续监管的要求。可以说，《决定》为改革提供了有力的法治保障，也促使依法推进简政放权迈出了新步伐。

08 关于办理侵犯公民个人信息刑事案件司法解释：
严惩非法出售公民个人信息等行为

图片来源：《燕赵都市报》

名称：最高人民法院、最高人民检察院关于办理侵犯公民个人信息刑事案件适用法律若干问题的解释
颁布单位：最高人民法院、最高人民检察院
颁布日期：2017 年 5 月 8 日
实施日期：2017 年 6 月 1 日

🔴 内容摘要

2017 年 5 月 8 日，最高人民法院、最高人民检察院公布《关于办理侵犯公民个人信息刑事案件适用法律若干问题的解释》（以下简称《解释》），自 2017 年 6 月 1 日起施行。其对侵犯公民个人信息罪、非法购买和收受公民个人信息的定罪量刑标准以及相关法律适用问题进行了系统规定。主要内容包括：

一、进一步明确公民个人信息内涵

《解释》明确规定，刑法第 253 条规定的"公民个人信息"包括身份识别信息和活动情况信息，具体指以电子或者其他方式记录的能够单独或者与其他信息结合识别特定自然人身份或者反映特定自然人活动情况的各种信息，包括姓名、身份证件号码、通信通讯联系方式、住址、账号密码、财产状况、行踪轨迹等。

二、进一步明晰侵犯公民个人信息行为界限

《解释》明确规定，"违反法律、行政法规、部门规章有关公民个人信息保护的规定"向他人出售或者提供个人信息，都属于侵犯公民个人信息罪中"违反国家有关规定"的行为；同时，向特定人提供公民个人信息以及通过信息网络或者其他途径发布公民个人信息的，未经被收集者同意将合法收集的公民个人信息向他人提供的（经过处理无法识别特定个人且不能复原的除外），也属于禁止性行为之一。此外，对于为合法经营活动而非法购买、收受《解释》未明确列举的公民个人信息行为，情节严重同样会构成犯罪。

三、进一步明确定罪量刑标准

《解释》明确了"情节严重""情节特别严重"认定标准，主要从信息类型和数量、违法所得数额、信息用途、主体身份、前科情况五个方面认定。比如，非法获取、出售或者提供行踪轨迹信息、通信内容、征信信息、财产信息50条以上就属于"情节严重"，构成犯罪。又如，出售或者提供行踪轨迹信息被他人用于犯罪的，或者违法所得5000元以上，也属于"情节严重"，构成犯罪。特别规定，将在履行职责或者提供服务过程中获得的公民个人信息出售或者提供给他人，比照一般情节的数量或者数额标准达到一半以上即属于"情节严重"，构成犯罪，也即，对"内鬼"侵犯公民个人信息的，依法从重处罚。

此外，数量或者数额达到以上所述标准十倍以上，或者造成被害人死亡、重伤、精神失常或者被绑架等严重后果，或者造成重大经济损失或者恶劣社会影响，属于"情节特别严重"，等等。

🔴 法治意义

网络时代的来临，既让生活变得丰富多彩，也加剧了个人信息泄露的风险。泄露公民个人信息、售卖个人信息获得利益等行为，在当前发生频率较高，既会侵害公民个人的信息权，也会侵犯公民的隐私权、安宁权、名誉权等等。如何有效规制侵犯公民个人信息行为，规范该类刑事案件的法律适用、办案标准，亟待出台相关的规定，《解释》的出台应运而生，既有必要性，也有重要历史意义。为有效满足司法实践，严厉打击侵犯公民个人信息行为，《解释》从严设置定罪量刑标准，降低入罪门槛，能够有效起到震慑作用，也为司法机关打击侵犯公民个人信息行为发挥重要指引作用。

09 关于办理刑事案件严格排除非法证据若干问题的规定：
保障公民合法权利

图片来源：新华社

名称：最高人民法院、最高人民检察院、公安部、国家安全部、司法部关于办理刑事案件严格排除非法证据若干问题的规定
颁布单位：最高人民法院、最高人民检察院、公安部、国家安全部、司法部
颁布日期：2017 年 6 月 27 日
实施日期：2017 年 6 月 27 日

● 内容摘要

　　为准确惩罚犯罪，切实保障人权，规范司法行为，促进司法公正，2017 年 6 月 27 日，最高人民法院、最高人民检察院、公安部、国家安全部、司法部联合发布《关于办理刑事案件严格排除非法证据若干问题的规定》（以下简称《规定》），明确严格排除非法证据原则，从侦查、起诉、辩护、审判等方面明确非法证据的认定标准和排除程序，切实防范冤假错案发生。

　　一、明确禁止刑讯逼供、不得强迫自证其罪原则

　　《规定》明确提出，办案机关严禁刑讯逼供和以威胁、引诱、欺骗以及其他非法方法收集证据，不得强迫任何人证实自己有罪。对一切案件的判处都要重证据，重调查研究，不轻信口供。《规定》明确规定，采用暴力、威胁以及非法限制人身自由等非法方法收集的犯罪嫌疑人、被告人供述以及证人证言、被害人陈述，均应当予以排除。同时规定，收集物证、书证不符合法定程序，可能严重影响司法公正的，应当予以补正或者作出合理解释；不能补正或者作出合理解释的，对有关证据应当予以排除。

　　二、明确重大案件讯问过程需进行全程同步录音录像

　　《规定》明确要求，对于可能判处无期徒刑、死刑的案件或者其他重大犯罪案件，应当对讯问过程进行录音录像。录音录像应不间断进行，保持完整性，不得选择性地录制，不得剪接、删改。

　　三、明确侦查期间可以向检察机关申请排除非法证据

　　《规定》明确，犯罪嫌疑人及其辩护人在侦查期间可以向检察机关申请排除非法证据。对重大案件,检察院驻看守所检察人员应当在侦查终结前询问犯罪嫌疑人,核查是否存在刑讯逼供、非法取证情形,并同步录音录像。经核查,确有刑讯逼供、非法取证情形的,侦查机关应当及时排除非法证据,不得作为提请批准逮捕、移送审查起诉的根据。对侦查终结的案件,侦查机关应当全面审查证明证据收集合法性的证据材料,依法排除非法证据。排除非法证据后,证据不足的,不得移送审查起诉。此外,《规定》强化了辩护律师诉讼权利保障,明确了辩护人查阅、摘抄、复制有关证据材料的权利和申请人民法院、人民检察院调取相关证据的权利,有助于解决目前非法证据排除过程中困扰辩护方的取证难问题。

四、应保障犯罪嫌疑人、被告人申请提供法律援助权利

依照《规定》,犯罪嫌疑人、被告人申请提供法律援助的,应当按照有关规定指派法律援助律师。法律援助值班律师可以为犯罪嫌疑人、被告人提供法律帮助,对刑讯逼供、非法取证情形代理申诉、控告。

五、强化检察机关在侦查期间对侦查机关取证合法性的监督

《规定》强化了检察机关在侦查期间对侦查机关取证合法性的监督,保障了犯罪嫌疑人及其辩护人在侦查期间向人民检察院申请排除非法证据的权利,进一步强化了检察机关对侦查取证活动的监督。《规定》还强化了检察机关对看守所收押体检的监督。

六、进一步规范了庭审阶段的证据合法性调查程序

《规定》明确提出,法院向被告人及其辩护人送达起诉书副本时,应当告知其有权申请排除非法证据。被告人及其辩护人申请排除非法证据,应当在开庭审理前提出,但在庭审期间发现相关线索或者材料等情形除外。同时强调,公诉人、被告人及其辩护人在庭前会议中对证据收集是否合法未达成一致意见,法院对证据收集的合法性有疑问的,应当在庭审中进行调查。法庭对证据收集的合法性进行调查后,原则上应当当庭作出是否排除有关证据的决定。在法庭作出是否排除有关证据的决定前,不得对有关证据宣读、质证。第一审法院对依法应当排除的非法证据未予排除的,第二审法院可以依法排除非法证据。

● 法治意义

健全落实非法证据排除等法律原则的法律制度,加强对刑讯逼供和非法取证的源头预防。这是党中央在全面依法治国、全面深化改革背景下作出的重大司法体制改革部署,事关依法惩罚犯罪、切实保障人权,是保证司法公正、提高司法公信力的重要举措,对证据制度乃至刑事诉讼制度改革具有深远影响。《规定》出台,十分必要,它是切实防范冤假错案的需要,完善非法证据排除规则的需要,推进司法理念创新和制度创新的需要。同时,在全面推进依法治国新时期,从加强人权司法保障、保证公正司法的高度,要求健全落实非法证据排除的法律制度,并专门出台《规定》,具有重要的历史意义和现实意义:一是对维护司法公正具有重大推进作用;二是对加强人权司法保障具有重大推进作用;三是对以审判为中心的刑事诉讼制度改革具有重大推进作用。

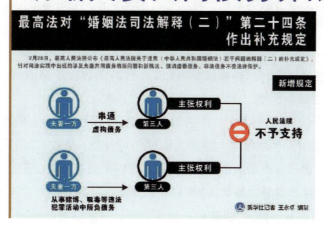

图片来源：新华社

名称：最高人民法院关于适用《中华人民共和国婚姻法》若干问题的解释（二）的补充规定

颁布单位：最高人民法院

颁布日期：2017年2月28日

实施日期：2017年3月1日

● 内容摘要

针对司法实践中出现的涉及夫妻共同债务的新问题、新情况，2017年2月28日，最高人民法院颁布《关于适用〈中华人民共和国婚姻法〉若干问题的解释（二）的补充规定》（以下简称《规定》），自2017年3月1日起施行。《规定》主要强调虚假债务、非法债务不被法律认可。

最高人民法院《关于适用〈中华人民共和国婚姻法〉若干问题的解释（二）》（以下简称《婚姻法解释（二）》）第24条规定：债权人就婚姻关系存续期间夫妻一方以个人名义所负债务主张权利的，应当按夫妻共同债务处理。但夫妻一方能够证明债权人与债务人明确约定为个人债务，或者能够证明属于婚姻法第19条第3款规定情形的除外。

《规定》对第24条作了修改，在《婚姻法解释（二）》第24条的基础上增加两款，分别作为该条第2款和第3款："夫妻一方与第三人串通，虚构债务，第三人主张权利的，人民法院不予支持。夫妻一方在从事赌博、吸毒等违法犯罪活动中所负债务，第三人主张权利的，人民法院不予支持。"

依据婚姻法规定，夫妻财产制是以婚后所得共同制为普遍原则。现实中，多数中国家庭实行的也是婚后所得共同制，实行约定财产制的夫妻较少。既然结婚后夫妻的收入是共同的，那么为共同生活所负债务也就应当共同偿还。如果在婚姻关系存续期间，有债权人持夫妻中一方以个人名义所借债务的凭证,要求夫妻共同还债,除非债务人认可是个人债务并有能力用其个人财产偿还,否则,就要用夫妻共同财产偿还。

但是,从司法实践来看,夫妻一方举债的情形在现实生活中非常复杂,实践中不仅存在夫妻一方以个人名义在婚姻关系存续期间举债给其配偶造成损害的情况,也存在夫妻合谋以离婚为手段,将共同财产分配给一方,将债务分给另一方,借以达到逃避债务、损害债权人利益目的的情形。

针对上述问题,《规定》对《婚姻法解释(二)》第24条进行了修改,以明晰夫妻共同债务认定标准,统一司法裁判尺度。

依据修改后的《婚姻法解释(二)》第24条规定,有四种情形可不作为夫妻双方共同债务:一是夫妻一方能够证明债权人与债务人明确约定为个人债务;二是夫妻对婚姻关系存续期间所得的财产约定归各自所有的,夫或妻一方对外所负的债务,第三人知道该约定的,以夫或妻一方所有的财产清偿(《婚姻法》第19条第3款);三是夫妻一方与第三人串通,虚构债务的;四是夫妻一方在从事赌博、吸毒等违法犯罪活动中所负债务的。

🔴 法治意义

婚姻法是婚姻家庭关系的基本准则,但婚姻法的法律条文相对司法实践来说,比较原则。有关婚姻法适用的司法解释针对司法实务中遇到的疑难问题作出解析,为更好地保护婚姻案件中各方当事人的合法权益提供依据。针对夫妻双方债务问题,对《婚姻法解释(二)》第24条的修改,可以促进司法机关在审判工作中正确处理夫妻债务,依法保护夫妻双方和债权人合法权益,特别是切实维护好未成年人、妇女和老年人的合法权益,同时维护交易安全,推进和谐健康诚信经济社会建设。

2017

国际形势和政策

民主篇

——倾听中国民主足音

2017

中国法治蓝皮书

O1 争议较大重要立法事项引入第三方评估：
确保立法事项科学公正

图片来源：新华社

● 事件回放

根据党中央要求和立法法有关规定，紧紧围绕"提高立法质量"这个关键，2017年12月28日，全国人大常委会办公厅发布两个重要工作规范——《关于立法中涉及的重大利益调整论证咨询的工作规范》《关于争议较大的重要立法事项引入第三方评估的工作规范》。

全国人大常委会法工委有关负责人介绍，制定这两个工作规范是落实党的十八届四中全会和十九大精神的具体体现。2017年11月20日召开的十九届中央全面深化改革领导小组第一次会议审议通过了《关于争议较大的重要立法事项引入第三方评估的工作规范》。

立法中涉及的重大利益调整论证咨询工作规范中，重大利益调整论证咨询是指按照规定的程序，邀请全国人大代表、有关国家机关代表、军事机关和军人军属代表、人民团体代表、专家学者、基层工作者和群众代表、行业协会代表等，对立法中涉及的重大权利义务关系、利益利害关系的设定、变动等调整问题，进行专题论证和咨询的活动。

重大利益调整的论证咨询，根据法律草案所涉及事项的具体情况，可以采取论证会、听证会、委托研究、咨询等形式进行。立法涉及的有关问题专业性、技术性较强，需要进行可行性评价、风险评估的，明确应当召开论证会，听取相关专业机构、专业人员的意见和建议。法律草案涉及重大利益调整或者存在重大意见分歧，对自然人、法人或非法人组织的权利义务有较大影响，人民群众普遍关注，需要进行听证的，应当召开听证会，听取利益利害关系方的意见和建议。

争议较大的重要立法事项引入第三方评估工作规范中，第三方评估是指由利益利害关系方以外的机构，运用科学、系统、规范的评估方法，对有较大争议的重要立法事项进行专项研究和综合评估，并提交评估报告，为立法决策提供参考的活动。列入全国人大常委会会议议程的法律草案，有关方面在调整范围、主要制度等重要立法事项上有较大争议的，可以引入第三方评估。

委托第三方开展评估,根据委托事项的具体情况,可以选择高等院校、科研机构、专业智库等作为接受委托的第三方。受委托第三方应当在相关领域具有代表性和权威性,社会信誉良好;组织机构健全,内部管理规范;有具备相关专业知识和技能的研究力量,有较强的数据采集分析、决策咨询和政策评估经验和能力;在业务关系、机构隶属、资金来源等方面具有独立性,与有关争议方之间没有利益利害关系。

● 事件影响

党的十八届四中全会通过的《中共中央关于全面推进依法治国若干重大问题的决定》明确提出,立法领域要引入第三方评估,目的就是明确立法权力边界,从体制机制和工作程序上有效防止部门利益和地方保护主义法律化。

两个工作规范的颁布实施,健全了立法起草、论证、咨询、评估、协调、审议等工作机制,有助于发挥人大在立法工作中的主导作用,发挥社会力量在立法工作中的积极作用,深入推进科学立法、民主立法、依法立法,努力使每一项立法都符合宪法精神、反映人民意志、得到人民拥护。

● 各方观点

全国人大常委会法工委研究室副主任臧铁伟:以往在法律起草审议过程中,遇到一些有较大争议的重大立法事项,多数是由起草机关、立法工作机构征求相关方面意见,这次就是要委托第三方,实际上就是专业机构、智库、高等院校,委托他们作为第三方从客观的角度,运用科学的技术的方式方法进行评估,为立法提供一个重要的评估依据。

——2017年12月29日中央人民广播电台《新闻和报纸摘要》

人大工作者朱恒顺:我国的行政管理是以部门为主,部门职责难免有交叉。对于部门间的冲突问题,引入第三方评估后,各方有利益关系的观点都能在第三方报告里得到反映,通过第三方协调关系,可以让部门利益之争和矛盾清晰化。这等于在二者观点之外增加了一个更加客观的观点,有利于立法者作出科学判断,保证立法事项更加客观和公正。

——2017年11月23日《新京报》

02 全国人大常委会"最高规格"执法检查：
深入33个地市实地查看112个单位和项目

北京惠新南里小区的分类垃圾桶。 图片来源：新京报网

● 事件回放

2017年11月1日，全国人大常委会委员长张德江亲自向十二届全国人大常委会第三十次会议作固体废物污染环境防治法执法检查报告。张德江介绍这次执法检查，对准了生活垃圾分类、畜禽养殖废弃物处理和资源化、危险废物监管和进口固体废物管理等党中央高度关注、人民群众普遍关心的重点难点问题。

为了通过执法检查推动解决问题、改进工作和法律实施，全国人大常委会此前专门成立了《中华人民共和国固体废物污染环境防治法》(以下简称"固废法")执法检查组。其中，张德江委员长担任组长，陈昌智、沈跃跃、张平、艾力更·依明巴海副委员长和环资委主任委员陆浩担任副组长，成员由全国人大常委会委员、相关专门委员会组成人员和部分全国人大代表共48人组成。

2017年6月至8月，执法检查组分为5个小组，由张德江委员长和四位副委员长带队，分别赴陕西、湖南、山西、天津、浙江、广西、江苏、福建、上海、吉林等10个省(区、市)开展执法检查工作，检查组深入到33个地市(区)，共召开22次座谈会，听取了地方政府和有关部门的汇报，实地查看了112个单位和项目。

张德江代表执法检查组报告检查情况时指出，我国固体废物产生量大、积存量多。每年产生畜禽养殖废弃物近40亿吨、主要农作物秸秆约10亿吨，一般工业固体废物约33亿吨，工业危险废物约4000万吨，医疗废物约135万吨，建筑垃圾约18亿吨，大中城市生活垃圾约2亿吨。当前固废法的实施以及固体废物污染防治工作仍面临一些突出问题，必须引起高度重视。要认真贯彻落实党的十九大精神，全面正确贯彻实施固废法，深入推进固体废物污染防治工作。要深入开展法律宣传普及教育，协同推进固体废物治理，着力加强危险废物处置工作，加大城乡环境综合整治力度，深入推进工业固体废物治理，完善固体废物监管工作机制，强化固体废物污染防治的科技支撑，推进固体废物减量化、资源化、无害化，推动形成政府企业公众共治的绿色行动体系。

●事件影响

加强环境保护和生态文明建设,是本届全国人大常委会履职尽责的重点方向。五年来,全国人大常委会从立法和监督两个方面持续发力。继制定和修改环境保护法等重要法律,检查了6部法律实施情况,听取审议了国务院7个专项报告之后,全国人大常委会执法检查组于2017年5月启动固体废物污染环境防治法执法检查。张德江委员长和多位副委员长亲自带队,坚持问题导向,让这次执法检查力度大,覆盖面广,查找出的问题多。

对于执法检查组报告,全国人大常委会进行了常规审议之后,还结合审议报告进行了专题询问。张德江委员长主持联组会议,对于执法检查报告中指出的几大难题,即如何提高危险废物处置能力、垃圾围城困境如何破解、快递包装等固废新来源如何减量、医疗废物处置怎么才能更科学进行专题询问过程中,常委会组成人员问题尖锐、切中当前固废污染防治的要害,国务委员王勇和有关部门负责人到会应询。现场气氛热烈、交流坦诚、直面问题。王勇详细介绍了下一步推进和加强固体废物管理,打好污染防治攻坚战重点需要做好的5项工作:牢固树立绿色发展理念,深入推进固体废物减量化、资源化、无害化;遵循协同治理的原则,统筹开展固体废物和大气、水、土壤污染防治;坚持以人民为中心的发展思想,切实解决群众身边的突出固体废物污染问题;切实发挥多方合力,不断强化督察执法和环境监管;强化公众参与和政策引导,构建政府企业公众共治的绿色行动体系。

●各方观点

全国人大常委会委员张兴凯:这次检查任务明确。张德江委员长在第一次全体会和检查过程中多次指出,人大的执法检查与政府部门的监督执法不一样,人大的执法检查就是检查法律及其执行中存在的问题。

——2017年11月6日《检察日报》

全国人大机关工作人员朱恒顺:虽然固体废物污染环境防治法已经出台22年了,但在今年全国人大常委会对该法实施情况进行检查时却发现,仍有一些地方的主要领导不知道有这样一部法律。

"地方主要领导不知道有'固废法'",这样的局面不应该出现。只有让法律实施义务主体特别是各级政府领导,熟知必须承担的责任,加强执法能力建设,让所有违法和失职渎职者都承担应当承担的责任,法律才可能得到较好实施。不仅"固废法"如此,其他所有法律都应是这样。

——2017年11月3日《新京报》

03 全国人大常委会力促备案审查： 地方著名商标立法面临废止

全国人大常委会法工委给公民银文的回信。
图片来源：新华社

● 事件回放

2017年5月，来自全国二十多所大学的108位知识产权研究生联名致信全国人大常委会法工委，指出部分地方性法规和地方政府规章规定了著名商标的认定和保护制度。这些地方立法大多规定地方"著名商标"采取"批量申报、批量审批、批量公布"的认定模式和"一案认定，全面保护；一次认定，多年有效"的保护模式，不符合现行商标法的立法本意和国际惯例。建议对有关著名商标的地方立法进行审查。

收到审查建议后，全国人大常委会法工委依照立法法和相关规定，启动了对著名商标地方立法的备案审查工作。在审查研究中，法工委征求了国务院法制办、国家工商总局、最高人民法院等单位意见，还组成联合调研组，赴湖南、重庆、黑龙江进行实地调研，并召集专家进行研讨。

最终，法工委认为，地方规定的著名商标制度在运行之初对鼓励企业增强品牌意识、提高产品质量，促进地方经济发展，起到了一定积极作用。但由政府对著名商标进行认定和特殊保护，存在着利用政府公信力为企业背书、对市场主体有选择地给以支持、扭曲市场公平竞争关系等问题，在操作过程中带来了一些弊端。

"这与全面深化改革的目标和要求不符，继续保留则弊大于利。"全国人大常委会法工委法规备案审查室主任梁鹰表示，地方立法也不应再为著名商标评比认定提供依据。"对有关著名商标制度的地方性法规，应当予以清理，适时废止。"

● 事件影响

全国31个省区市和15个计划单列市中，除个别地方外，都分别以各种形式规定了著名商标制度。其中,地方性法规11部,省级地方政府规章18件,设区的市级地方政府规章7件,地方政府规范性文件3件,还有6个地方政府的工商行政管理部门制定了相关规范性文件。

目前,全国人大常委会法工委已致函河北省、吉林省、浙江省、安徽省、湖北省、重庆市、四川省、甘肃省和长春市、吉林市、成都市人大常委会对有关著名商标制度的地方性法规进行清理。同时,还致函国务院法制办,建议对有关著名商标制度的地方政府规章和政府规范性文件开展清理工作。

2017年12月24日,全国人大常委会法工委关于十二届全国人大以来暨2017年备案审查工作情况的报告提请全国人大常委会审议。报告显示,十二届全国人大以来,法工委共收到公民、组织提出的各类审查建议1527件。据悉,1527件审查建议中,属于全国人大常委会备案审查范围的有1206件,其中建议对行政法规进行审查的有24件,建议对地方性法规进行审查的有66件,建议对司法解释进行审查的有1116件。

"法工委对收到的审查建议逐一进行了认真研究,对审查中发现存在与法律相抵触或者不适当问题的,积极稳妥作出处理。"法工委主任沈春耀12月24日向十二届全国人大常委会第三十一次会议作报告时说。

● 各方观点

上海大学法学院研究生银文:一系列"问题法规",就因为公民的一封信而得以改变。其实,任何人发现法规、司法解释等规范性文件有问题、缺乏可操作性甚至"雷人怪诞",都可以向全国人大常委会提出"审查建议"。这项权利,来自于宪法和法律赋予全国人大及其常委会的一项重要监督职责——规范性文件备案审查。党的十八届三中全会提出,"健全法规、规章、规范性文件备案审查制度"。十八届四中全会提出,"加强备案审查制度和能力建设,把所有规范性文件纳入备案审查范围,依法撤销和纠正违宪违法的规范性文件,禁止地方制发带有立法性质的文件。"党的十九大报告进一步指出,"加强宪法实施和监督,推进合宪性审查工作,维护宪法权威。"事实证明,备案审查制度并不只是书本上遥远的字眼,而是真正可以高效地去推动问题法规的纠正。

——2017年12月4日新华社"新华视点"

全国人大常委会法工委法规备案审查室主任梁鹰:提请全国人大常委会会议审议报告,将有利于社会各界了解备案审查工作,有利于促使制定机关提高文件制定质量,提高报备及时率、规范率。

——2017年12月24日新华社

04 打造"阳光财政"守护"国家账本"：
地方预算联网监督有了时间表

广东省珠海市人大常委会预算实时监督系统。

🔴 事件回放

2017年7月4日至5日，全国人大财经委、全国人大常委会预算工委、财政部在广州联合召开会议，部署推进地方人大预算联网监督工作，以期加强人大对政府全口径预算审查监督，确保人大对"钱袋子"实行正确监督、有效监督。

有着十余年探索实践经验的广东，在人大预算联网监督方面走在全国前列。据介绍，截至2017年5月底，广东21个地级以上市人大常委会与同级财政国库集中支付系统联网；全省121个县区中有114个县区实现本级人大与财政联网，联网率94%；省级和13个地级以上市、13个县区实现人大与社保部门联网，将老百姓"保命钱"也纳入预算联网监督系统。实际上，不只是广东，在推进人大预算联网监督方面，天津、四川、辽宁、湖北、黑龙江等省份也取得积极成效。伴随预算法的贯彻实施和财政预算改革的深入推进，以及财政信息化建设水平的不断提高，在全国推进预算联网监督工作的条件已经具备、时机已经成熟。

2017年6月30日，全国人大常委会办公厅印发《关于推进地方人大预算联网监督工作的指导意见》，财政部予以转发。指导意见明确提出三年的阶段性目标：

2017年，全国省级人大常委会预算工委等工作机构与财政部门间实现预算决算等基本信息传输查询。同时，启动系统的预警、分析和服务功能的开发研究工作。

2018年，进一步推动完善系统的查询、预警、分析、服务等基本功能；逐步实现与政府收入征管、社保、国资和审计等部门的联网；开展上下级人大之间纵向信息传输应用工作；以省为单位，推动所属地市级人大预算联网监督系统建设，并投入使用。

2019年，基本实现地市级人大预算联网监督系统建设和使用全覆盖，进一步扩大横向联网的范围；引导和鼓励有条件的县级人大开展预算联网监督工作；继续加强系统功能开发，有效发挥系统作用。

　　财政部副部长刘伟在座谈会上表示,对纳入预算联网监督的信息内容,法律有明确规定的,要坚决纳入,不得打折扣;法律没有明确规定的,但确属人大及其常委会行使法定预算审查监督职权需要的,财政部门要加强与人大常委会有关工作机构研究协商,积极创造条件逐步纳入。

● 事件影响

　　预算监督是人大及其常委会的法定职责,也是人大监督工作的重点。以往人大进行预算监督,主要通过常委会、人代会期间,听取、审议、审查政府的相关报告来进行,平时如要了解情况,需人工向财政厅调取资料,及时性、全面性都无法得到保证。国家层面一直在大力推进预算制度的全面规范、公开透明,全国人大常委会明确提出了地方人大预算联网监督的工作要求。地方预算联网之后,轻点鼠标,就可以即时了解政府财政支出从申请、审批到支出的全过程,将从根本上改变以往人大预算监督侧重于事后监督的不足,变被动为主动、变静态为动态,实现监督关口前移,形成事前审查批准、事中监督提醒、事后监督追责的全程监督模式。这对于推进预算公开,强化预算约束,增强财政资金使用绩效,保障人民群众知情权,提高人大代表和人民群众对财政预算工作的满意度,都具有十分重要而深远的意义。

● 各方观点

　　中央财经大学中国公共财政与政策研究院院长乔宝云:推进地方人大预算联网监督"是件了不起的事情"。一方面,现代科技的进步可以帮助人大代表更好读懂"国家账本",继而作出准确判断、行使好监督的权利;另一方面,这项工作也将助力提高财政预算管理水平,推进国家治理体系和治理能力现代化。

——2017年7月5日新华社

　　全国人大常委会副委员长张平:运用信息网络技术推进预算联网监督,是建立和完善中国特色社会主义预算审查制度的有益探索,也是新形势下加强和改进人大预算审查监督的客观需要。在全国推进预算联网监督工作的条件已经具备、时机已经成熟。要实行正确监督、有效监督,要坚持问题导向、突出监督重点,要加强沟通协调、互相支持配合,切实提高监督的针对性有效性,推动建立健全全面规范、公开透明的预算制度。

——2017年7月5日新华社

05 劳动法专家上书审查地方立法：
"超生即辞退"地方规定行将终结

图片来源：中工网

●事件回放

　　2017年5月,4位劳动法专家向全国人大常委会法工委法规备案审查室寄送了一份审查建议,认为广东等省的地方立法中有关"超生即辞退"的相关规定违反法律规定。为纠正和防止地方立法随意突破法律规定,建议对地方立法中增设用人单位单方解除劳动合同法定情形的规定予以审查。

　　收到审查建议后,按照有关规定,全国人大常委会法工委分别函告了上述地方性法规的制定机关,要求其作出说明。从反馈的意见看,各方对此存在不同的看法。除辽宁、贵州两个地方人大常委会表示将适时启动对条例的修改程序之外,其余五个地方人大常委会表示了异议。

　　一方面要维护计划生育基本国策的严肃性和权威性,另一方面也要充分保障劳动者及其家庭的就业权和劳动权。该如何平衡两者之间的关系呢?"超生即辞退"的地方性法规究竟该不该废止呢?

　　全国人大常委会法工委研究认为,我国自上世纪七十年代起,开始实行计划生育政策,政策实行初期地方立法走在了前面,在当时人口控制形势非常严峻的情况下,有的地方规定了较为严厉的管控措施,在相当一段时间内,地方立法对落实计划生育政策发挥了独特作用、作出了积极贡献,这是应当充分肯定的。近年来,我国人口发展呈现出重大转折性变化。为了适应人口和经济社会发展新形势,促进人口长期均衡发展,地方立法应当积极主动适应党中央关于计划生育改革发展的政策精神,用法治思维探索新形势下落实计划生育基本国策的体制机制和方式方法,按照改革完善计划生育服务管理的要求,对地方人口与计划生育法规中与改革方向和政策精神不相符的有关规定及时进行调整。2017年9月,全国人大常委会法工委分别向广东、云南、江西、海南、福建省人大发函,建议根据本省实际情况对地方人口与计划生育条例中有关企业对其超生职工给予开除或者解除劳动(聘用)合同的规定适时作出修改。

● 事件影响

面对广东等省地方立法中有关"超生即辞退"的相关规定,全国人大常委会法工委向其发函,建议修改"超生即开除"的规定。这意味着,地方性法规为"超生即辞退"支撑的时代行将终结。这也表明,无论是行政法规、地方性法规、司法解释还是其他规范性文件,如果明显滞后于发展变化了的现实情况,都有可能被纳入全国人大常委会的审查范围;如果存在与宪法法律相抵触或者不适当等问题,将会面临被纠正。

党的十八届四中全会决定特别提出,加强备案审查制度和能力建设,把所有规范性文件纳入备案审查范围,依法撤销和纠正违宪违法的规范性文件。目的就是保障法律体系内部和谐一致。一段时期以来,一些地方和部门存在的超越法定程序和权限制定规范性文件,侵害公民和法人合法权益的现象,正伴随我国备案审查工作屡出重拳,逐步被一一纠正。

● 各方观点

评论员朱昌俊:在全面二孩的人口政策背景下,各地的人口与计生条例,都应该加以必要的审查与修正,避免出现与新的人口政策和人口发展形势不一致的情况。而一些违背人口政策转型方向,且未上升到立法层面的"土政策",更该及时清除。此前各地将计生与户籍挂钩的做法松绑,就是迈出了重要一步。总之,对"超生即辞退"规定适时作出修改,是立法审查与人口政策执行优化的双重进步,其蕴含的示范意义,也当在更多方面起到推动作用。

——2017年10月25日《北京青年报》

评论员徐建辉:"超生即辞退"规定在法律上至少存在以下几个问题:一是超越了相关法律规定。二是不符合相关法律精神。三是法律手段运用错位。现在,全国人大常委会法工委向有关省市发函建议修改"超生即辞退"规定,既是顺应时势、民心之举,也是维护法规、政策之举,无论对职工劳动权利保护,还是促进人口平衡发展,都有积极作用。

——2017年10月25日《信息时报》

06 重庆推行乡镇人代会一年两次：
乡镇人大监督迈出新步伐

2017年7月以来，重庆市各乡镇拉开年中人代会帷幕。

图片来源：《检察日报》

●事件回放

2016年4月，重庆市四届人大常委会第二十四次会议表决通过修正后的《重庆市乡镇人民代表大会工作条例》，规定乡、民族乡、镇人民代表大会会议一般每年举行两次。

2017年7月以来，重庆市大足区各镇逐一拉开年中人代会帷幕。21个镇人大的年中人代会、6个街道人大工委的半年工作会在7月底前全部召开。

按照大足区人大常委会统一的指导意见，该区的镇人大年中人代会主要有3项规定动作，即听取和审议专项工作报告、会中问政、问后测评。此外，各镇街还可以结合自身实际，创造性开展自选动作。

高升镇人大甄选出老百姓关注度极高的扶贫、低保、生态环保三项工作，作为专项工作报告的议题。

珠溪镇人大则注重会后的监督，对代表提出的问题、建议交政府办理后，采取调研、视察、询问等方式督促政府限时办结，并在下一次人代会上作书面报告。

"开一天会、发一次言、画一个圈、吃一顿饭、照一张相。"这是过去群众对基层代表履职情况的概括。如今，重庆各乡镇年中人代会上，这一状况得到根本改变。

2017年7月12日，云龙镇召开年中人代会。提请大会审议的议题令人耳目一新——听取和审议民生实事项目进展情况专项工作报告，该报告经代表大会专题询问后，还专门邀请村民代表一起参加测评。而这些民生实事项目，来自年初人代会代表"票决"。

2017年6月6日，秀山苗族土家族自治县梅江镇人大组织召开镇四届人大二次会议。64名镇人大代表就脱贫攻坚工作中群众普遍关心关注问题向镇人民政府提出询问。镇长、副镇长逐一上台"亮相"。

这样开年中人代会的乡镇还有很多,合川区涞滩镇、北碚区水土镇、璧山区三合镇……

如何真正让代表成为会议的主角,重庆市各乡镇人大在年中人代会上进行着不同的尝试。

● 事件影响

"上头千条线,下面一根针。"乡镇是我国政权层级的基础,与亿万农民的关系最密切,与亿万农民的利益最直接,它饱含着浓厚的乡土气息。乡镇人大工作的发展,直接关系到依法治国基本方略在基层的实施和我国民主政治建设的进程。

重庆市有800多个乡镇,随着乡镇政权承担社会事务范围的不断扩大,迫切需要基层国家权力机关在决策、监督以及民意归集中发挥能动作用。2015年6月,中共中央转发了《中共全国人大常委会党组关于加强县乡人大工作和建设的若干意见》。文件为新时期基层人大工作扎实有效开展,实施正确有效监督提供了依据。此后重庆创设的"乡镇人代会一年两次"制度,可以有效地弥补乡镇人大没有常设机关的制度性不足,让乡镇人大职权依法能够进一步得到充分行使。

重庆所有乡镇已开启每年两次人代会模式,这是贯彻落实中央精神的具体体现,也成为乡镇人大依法履职的新常态,能更好地发挥基层人大监督职能作用。重庆各地紧锣密鼓召开的年中人代会表明,只要充分发挥乡镇人大作用,我国民主政治会汲取更多养料。

● 各方观点

安徽省芜湖市三山区人大常委会内司工委主任滕修福:建议继续完善"乡镇人代会一年两次"的规定时可明确以下几点:一是明确两次人代会的召开时间。二是原则规定第二次人代会的议程。三是细化乡镇人大主席团闭会期间的职能,有效弥补乡镇人大没有常设机关的制度性不足。

——2017年第11期《宁夏人大》

全国人大代表、重庆市潼南区田家镇佛镇村党支部书记王海燕:通过召开年中人代会,强化代表在会后的日常监督,把会上代表提出的问题建议进行梳理归纳并交政府研究办理,同时采取调研、视察、询问等方式进行继续跟踪督办,能督促政府工作推进,对完成年初人代会上通过的各项报告任务,向代表、向选民交上完美答卷,意义重大。此外,通过年中人代会的召开,还能让代表履职经常化。

——2017年8月21日《检察日报》

07 "五议决策法"管好村官"微权力"：阳光村务有效化解信任危机

林场流转收益款通过碧峰峡镇村财收支管理中心向村民转账打款并公示。

图片来源：四川省雅安市雨城区碧峰峡镇政府官网

● 事件回放

2017年9月7日，四川省雅安市雨城区碧峰峡镇七老村的林场流转收益款，正式通过碧峰峡镇村财收支管理中心向村民转账打款。村民们陆续收到了期盼已久的林地收益款。搁置多年，让村两委"棘手"的近80万元集体收益款终于得到妥善处置，无一人到村、到镇反映资金分配的负面问题。

事情还要从2012年12月说起。雨城区碧峰峡镇七老村1000余亩集体林地以拍卖的方式流转给第三方，村集体获益138万元。扣除原林地承包人的补偿金，仍有79.43万元结余。村民们对这笔近80万元的资金如何处置十分关心，村两委也不敢轻易处置。这一慎重，就拖到了2016年，村民们心里开始打起鼓来。直到十余名村民到镇政府上访要求查明真相，镇党委书记、纪委书记、党委联系七老村的组织委员、镇村财收支管理中心、七老村两委主要负责人出面耐心解释，并答应村民不克扣截留一分钱，这才打消了村民的疑虑。

村民们虽然散去，但这近80万元的林地流转收益的处置不得不提上日程，如果处理不妥，势必引起更大的矛盾，甚至群体性事件。正当一筹莫展时，"阳光村务微权清单五十条"给了村两委化解"危机"灵感，村支书吴文锦感叹道：这不正是最好的办法吗，事情咋个办，把决定权交给村民们。

七老村支部书记向碧峰峡镇的分管领导汇报了自己的想法，得到了镇党委、镇政府的支持和同意，并指派联系村的组织委员和包村干部，指导协助村两委严格按照阳光微权的"五议决策法"来开展此项工作。

"五议"包括:提议,村两委提议并广泛征求群众意见;商议,村两委商议,拟订初步方案;审议,村民代表大会审议,进一步完善并形成决议草案;决议,村民代表大会决议形成执行方案;评议,接受村民公开评议,资金分配方案决议在全村进行公开公示。公示期满未收到群众异议。在此基础上,各村民小组对参与分配的村民登记造册并反复公示。

● 事件影响

七老村采取"五议决策法",最大限度保障了广大村民的知情权、参与权、决策权和监督权,降低了村两委的决策风险,得到了全体村民的拥护,有效减少了干群矛盾和对干部的不信任。这是雨城区村级治理最成功的案例之一,也是雨城区实施阳光村(居)务微权清单制度以来的一个缩影。

近年来,雨城区着力加强对村级权力的规范和监督,管好"微权力"、防止"微腐败"。阳光村务微权清单制度运行近两年多时间来,基层"微腐败"得到有效遏制,在村民自治、公开透明、民主监督、管理规范等方面取得了一系列成绩,促进了村组干部用权更加规范,实现了基层群众办事更加快捷,达到了密切干群关系的初衷。据雨城区纪委监察局统计数据,自2015年阳光村务微权清单制度实施以来,区纪委监察局2015年、2016年受理针对农村村组干部的检举控告数量分别较上一年度下降48%、31%,实现了连续两年下降。阳光村务微权清单制度获得四川省深改领导小组的充分肯定。

● 各方观点

四川省雅安市雨城区纪委副书记刘滟:阳光村务带来了阳光效益,基层干部小微权力被摆上了"台面",关进了"笼子",权力在阳光下运行,群众对村集体事务知晓度、参与度和满意度大大提高了。

——雅安纪检监察网

四川省绵阳市游仙区石马镇中科社区党支部书记宋斌:实施"五议决策法"以来,群众全程对我们手中的权力进行监督,搭起了干部群众之间信义桥梁,村上各项工作推动也有力了。

——绵阳市游仙区政府网

08 广州停车场新规网上听证：点击量超过 1500 万

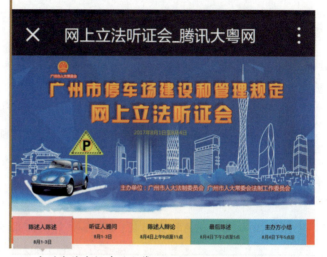

广州市停车场建设和管理规定网上立法听证会。

图片来源:广州人大网

● 事件回放

　　2017 年 8 月 1 日至 8 月 4 日,为期四天的《广州市停车场建设和管理规定》(以下简称《规定》)网上立法听证会在腾讯大粤网上举行。

　　此前,从 2017 年 7 月 17 日至 7 月 24 日,广州市人大法制委员会和常委会法制工作委员会通过《广州日报》《南方都市报》等平面媒体和腾讯大粤网、市人大信息网、广州人大立法官方微信和微博等网络媒体发布公告,向社会公开征集听证陈述人,共有 158 位市民积极踊跃报名。

　　广州市人大常委会法工委按照代表性和报名先后顺序等原则,在报名人员中确定了 20 人作为听证陈述人,其中有市人大代表、市政协委员、专家学者和行政管理部门、停车场企业、共享停车企业、物业服务企业、停车场行业协会、市民等方面的代表。

　　听证会的听证事项包括:目前广州市住宅区停车场的使用、管理情况如何?法规应当如何规范管理这类停车场?法规是否应当鼓励住宅区等专用停车场对外开放,错时共享停车?目前,广州市对特定时段、特定路段的城市道路停车泊位实行免费停放,效果如何?法规应当如何规范城市道路停车泊位的施划和管理?辩论事项为:在越秀区、荔湾区、海珠区等中心城区规划城市道路停车泊位,是以多划停车泊位满足停车需求为原则,还是以少划停车泊位保障道路畅通为原则?住宅区机动车停放服务收费应当实行市场调节价,还是政府指导价?

　　听证会分为陈述人陈述、听证人提问、陈述人现场辩论、最后陈述和主办方小结五个环节。

立法听证人由广州市人大常委会全体组成人员、市人大法制委员会委员、常委会法制工委负责人、经济工委负责人组成,共53人。听证人通过网络媒介和现场辩论充分了解了陈述人对听证事项、辩论事项的陈述和辩论意见,以及网友发表的意见和评论。有10位听证人在分析研究陈述人和网友的意见后,向陈述人提出住宅区停车场停放服务收费是应当实行政府指导价还是市场调节价、住宅停车位的权属、夜间路边泊位应否免费等方面问题,听证陈述人逐一作了回答。

在听证会举行的四天时间里,20位听证陈述人积极履行职责,围绕听证事项认真进行陈述、回答听证人提问和参与现场辩论、与网友进行互动。在总结以往听证会经验的基础上,为使听证人对辩论事项更全面、深入地掌握信息、了解情况,本次听证会将陈述人辩论环节在大粤网上全程直播,市民群众可以通过电脑端和手机移动端收看辩论的整个过程。

● 事件影响

由于《规定》涉及市民群众的切身利益,关系如何解决广州市停车难、停车贵和停车乱等市民关心的热点、难点问题,本次立法听证会吸引了众多网友的参与。

截至2017年8月4日下午5时,立法听证会曝光量3.69亿,点击量多达1508万,总投票数7.3万次,网友共发表评论1454条,网友对听证事项、法规草案和听证方式等提出了很好的意见和建议。在线观看现场辩论的网友近16万次,网友评论119条。

腾讯大粤网、新浪网、网易、广东电视台、广东电台、南方电视台等各大媒体对本次听证会作了广泛的宣传和跟踪报道。

● 各方观点

广州市人大代表、广州市荔湾区金花街陈家祠社区党总支书记、居委会主任区燕明:听证会充分体现张扬民意、保障民权、集中民智,建议该项制度长期执行,建立反馈机制。

——腾讯大粤网

广州市政协委员、广东诺臣律师事务所律师郑子殷:网上立法听证辩论无疑是在新时代和"互联网+"背景之下,广州坚决执行开门立法的先进创举,可以较为全面和全方位地将多元视角直接向公众展示,更容易达成社会共识,更贴近市民的实际需求,更有利于人大代表作出正确的决策和判断。

——腾讯大粤网

09 举报学校遭劝退：如何信任举报制度

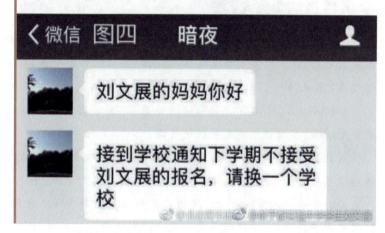

＜微信　图四　暗夜

刘文展的妈妈你好

接到学校通知下学期不接受刘文展的报名，请换一个学校

江西于都实验中学高中生刘文展举报学校违规补课收费后，刘文展妈妈收到校方发来的信息。

图片来源：《北京青年报》

● 事件回放

刘文展在2016年9月以中考580分的成绩入读江西于都实验中学。于都实验中学系当地一所包含初中部、高中部的民办学校，刘文展中考成绩排名年级第20位，属学校"免费生"。

于都县教育局曾于2017年2月9日发布《关于实验中学等四所学校寒假补课查处情况的通报》。通报称，该校寒假补课的行为严重违反了江西省教育厅《关于切实规范中小学规范办学行为的若干规定》，收取补课费的行为严重违反了江西省发展改革委员会、教育厅、人力资源和社会保障厅《关于放开民办学校教育收费有关事项的通知》精神；责成于都实验中学进一步加强政策学习和管理、清退违规收取的费用，取消有关评优资格。

2017年3月7日，刘文展通过国家信访局网上信访信息系统发出一封举报信，举报于都实验中学存在周六上午及周末全天的收费性质补课行为，他曾于高一上学期及高一下学期初在其他网络渠道举报，但时隔半年，学校依然在补课。他认为，于都县教育局不作为，并恳请赣州市教育局及以上部门明察。

几天后，刘文展所在的高一（10）班班主任赖晏斌单独找到他，指着一个电话号码问是否是其父亲的。刘文展称是自己的。随后，班主任的话题转向了最近学校接到举报。刘文展感觉到自己举报的事暴露了。

随后，刘文展在网上写了第二封举报信。他本意是希望赣州市教育局督促其改正，没想到赣州市教育局将此次投诉直接移交至于都县教育局处理。

2017年秋季新学期开始前,刘文展的班主任给刘母发了一条劝退信息:"接到学校通知下学期不接受刘文展的报名,请换一个学校。"

● 事件影响

　　刘文展因投诉学校被班主任劝退一事产生了严重的社会影响。刘文展称,自第一封举报信发出之后,校方曾多次找其及家人谈话,要求他停止举报。其家人曾劝他"不要继续举报"。即便在8月底接到了班主任的威胁信息,刘文展仍认为应举报到底。

　　2017年9月,于都县教育局向媒体透露,校方已解聘执行校长和涉事班主任,并到刘文展家中道歉,多次邀请刘文展到校复课。

　　对此,刘文展表示,不接受校方私下道歉。他坚持认为,教育局泄露了举报人信息,自己被劝退系校方打击报复。他要求,上述单位承担相关责任,并公开道歉。

　　无独有偶,2017年1月初,陕西西安的西工大附中学生也因为举报雾霾天上学违反当地停课规定而遭到校方"休学威胁"。此事经媒体曝光后同样引起广泛关注并在网络上发酵。

● 各方观点

　　评论员刘富恩:面对过往的错误,学校想到的不是接受"教育",下决心整改,却是"教育"举报人。一所教书育人的学校,在一个接受教育的孩子面前,是不是也应该低下头反思,接受这个学生的"教育"呢?

——搜狐网

　　评论员曙明:在一个团体中,人们如何行为,环境很重要。拿说真话来说,如果一个人因为说真话受到褒奖,更多人会选择效仿;相反,一旦有人因为说真话承担不利后果,沉默甚至说假话就会多起来。这样看,每一次对说真话的压制,都是对说真话环境的破坏。

——2017年9月21日《检察日报》

10 贫困生个人信息被公示：救助不能忽视尊严

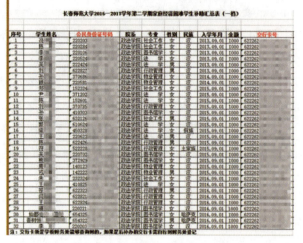

长春师范大学政法学院学生困难补助名单公示泄露学生银行卡号等信息。图片系澎湃新闻基于保护隐私需要打码,原文件没有打码。

图片来源:澎湃新闻

● 事件回放

据报道,2017年5月22日,长春师范大学政法学院官网(www.zhengfa.ccsfu.edu.cn)发布了《2016—2017学年度第二学期学生困难补助名单公示》。

澎湃新闻发现,在上述公示页面提供公开下载的附件"长春师范大学2016—2017学年第二学期家庭经济困难学生补助汇总表(一档).xlsx"中,公示了政法学院32名获补助学生的姓名、身份证号码、所在院系、专业、性别、民族、入学年月、补助金额以及交通银行卡卡号。该汇总表文件中,学生的身份证号码和银行卡号码均被完整披露,未做任何保护处理。

另据报道,2016年10月28日,长沙医学院管理系官网公布了《2016—2017学年度普通高等学校国家助学金获资助学生初审名单表》。这份初审名单表显示了96名贫困学生的姓名、班级、完整的居民身份证号码以及银行卡号。

此外,澎湃新闻记者还发现武汉轻工大学经济与管理学院、湖南师范大学资源与环境科学学院等多所高等院校也存在公示泄露学生完整身份证号等个人隐私信息的情况。

2017年下半年,澎湃新闻相继披露了安徽铜陵、合肥、黄山,江西景德镇、宜春等市政府官方网站存在泄露个人信息的情况。

● 事件影响

　　为保证国家学生资助政策落实落细,防止资助过程中泄露学生个人信息和隐私,2017年11月21日,全国学生资助管理中心向全体学生资助工作者发布第9号预警:保护学生个人信息和隐私,资助工作者要"拧紧这根弦"。

　　2017年11月27日,教育部印发紧急通知,要求全面清理和规范学生资助公示信息。通知中要求,在2017年12月10日前,各省(区、市)教育部门要组织所辖市县教育部门及所属各级各类学校全面排查学生资助公示信息,对涉及个人敏感信息的进行整改。

　　2017年12月1日,为进一步规范学生资助公示工作,切实保护好受助学生的个人信息和隐私,教育部再次印发紧急通知,要求全面清理和规范学生资助公示信息,并还强调将对各地、各校学生资助信息公示情况进行抽查,如发现有关部门或学校仍存在公示学生个人敏感信息问题,将严肃追究相关人员责任,并予以通报。

　　然而,近日有媒体报道,2017年12月10日最后清理期限已过,仍有部分学校存在公示信息泄露学生个人隐私的情况。

● 各方观点

　　中国人民大学公共管理学院教授王丛虎:在信息技术手段越来越发达的情况下,可能我们都缺乏保护公民隐私权的意识。人们没有意识到这还涉及侵犯隐私权的问题。所以,这首先是一个意识问题,其次是一个规范问题。

——2017年12月15日央广网

　　国家行政学院教授汪玉凯:信息公开,一定要把握好边界。身份证号码等个人信息如若随便公布,容易被不法分子利用,导致严重后果。

——2017年11月14日新华社

人大代表跟进监督反电信诈骗：
工信部表态2017年底前全部拦截

全国人大代表陈伟才在全国两会小组发言时向代表们介绍自己的调研成果，分析电信诈骗的利益链条。

图片来源：《南方都市报》

事件回放

全国人大代表、珠海格力电器股份有限公司副总裁陈伟才在调研中了解到，犯罪分子在台湾、东南亚等地设置电信诈骗窝点，专门向大陆群拨改号电话，主要是冒充公安、检察院、法院相关办案部门的电话。有统计显示，每年在境外通过改号电话实施电信诈骗造成的经济损失，超过100亿元。因此，他在2017年全国两会上建议工信部尽快通知三大运营商，对显示为政府部门办公号码的境外来电全部实施拦截。有28位全国人大代表在建议上附议签名。

建议办理一波三折。2017年6月，工信部曾就建议办理情况听取陈伟才的意见，称建议很好，需要三大运营商配合，但协调难度很大，政府部门办公号码众多，需投入不少资金扩容数据对比库，难以实施，希望得到陈伟才的理解。

陈伟才对建议答复直言"不满意"。他在提交全国人大的"代表建议办理和答复征求意见表"中写道：尽管工信部做了很多工作，但与当前境外改号电话诈骗的泛滥形势相比，差距巨大，治理电信诈骗，重在源头拦截改号电话。

2017年8月3日，陈伟才致信全国人大常委会表达了自己的意见，希望工信部改进办理：1.马上统计全国所有的政府部门办公号码。2.发出通知，要求三大运营商在各自的国际关口局电脑设置、自动拦截这些号码的境外来电。3.鉴于当前以冒充公检法机关电话号码实施诈骗最为突出，可以分步实施，首先把这些号码予以拦截。

🔴 事件影响

2017年9月初，全国人大代表陈伟才应工信部邀请，相约多名全国人大代表到北京市通信管理局调研座谈。经过深入交流后，双方明确运营商对境外改号电话拦截在技术上是可行的。随后，工信部便形成了有时限、可操作、便于监督的工作措施，并再次答复"推动相关拦截系统的升级改造，将我国公检法办公号码等高风险号码加入对比库，对境外来电号码一致的，在年底前全部予以拦截；在2018年3月前，研究解决不显示号码等措施。同时实现对接听用户进行诈骗防范提示，谨防上当受骗"。

2017年10月初，工信部明确表态，年底前对冒充公检法的境外改号电话实现全部拦截。

🔴 各方观点

全国人大代表、珠海格力电器股份有限公司副总裁陈伟才：2016年9月，在视察中国电信和中国联通的广州国际关口局时我了解到，平均每月通过关口局拨入广东地区的电话就有800多万个。几年前只有100多万个电话拨入，现在人们联络渠道多了，电话相对用得少了，但是拨入的电话量却翻了8倍，这说明有大量的境外改号电话拨入。所以从源头遏制电信网络诈骗，首先要拦截所有境外改号电话，阻断信息流。

——2017年10月9日《检察日报》

媒体评论员杨三喜：陈伟才通过行使人大代表的提案权、批评权、建议权，督促相关部门改进工作，使拦截"公检法电话"从"难以实施"到成为现实的过程，让我们看到了人大代表的力量。

——2017年10月10日《中国青年报》

2017

中国法治和谐年鉴

倡廉篇

——廉者政之本

2017

中国法治纪录变

01 十八届中央纪委七次全会：反腐败斗争压倒性态势已经形成

图片来源：新华社

事件回放

中国共产党第十八届中央纪律检查委员会第七次全体会议，于2017年1月6日至8日在北京举行。中共中央总书记、国家主席、中央军委主席习近平在会议上发表重要讲话。他强调，全面贯彻落实党的十八届六中全会精神，以新的认识指导新的实践，继续在常和长、严和实、深和细上下功夫，坚持共产党人价值观，依靠文化自信坚定理想信念，严肃党内政治生活，强化党内监督，推进标本兼治，全面加强纪律建设，持之以恒抓好作风建设，把反腐败斗争引向深入，不断增强全面从严治党的系统性、创造性、实效性。

习近平指出，经过全党共同努力，党的各级组织管党治党主体责任明显增强，中央八项规定精神得到坚决落实，党的纪律建设全面加强，腐败蔓延势头得到有效遏制，反腐败斗争压倒性态势已经形成，不敢腐的目标初步实现，不能腐的制度日益完善，不想腐的堤坝正在构筑，党内政治生活呈现新的气象。

全会总结2016年纪律检查工作，部署2017年任务，审议通过了王岐山同志代表中央纪委常委会所作的《推动全面从严治党向纵深发展，以优异成绩迎接党的十九大召开》工作报告，审议通过了《中国共产党纪律检查机关监督执纪工作规则（试行）》。王岐山同志就规则（试行）审议稿向全会作了说明。

事件影响

在十八届中央纪委七次全会上,习近平总书记充分肯定党的十八大以来全面从严治党取得的显著成效,深刻阐释党的建设重大理论和实践问题,作出了深入推进全面从严治党的重大部署,为做好今后反腐倡廉工作提供了根本遵循,为巩固全面从严治党成果指明了努力方向。

党的十八大以来,以习近平同志为核心的党中央把全面从严治党纳入"四个全面"战略布局,着力从严从细管党治党,净化党内政治生态,从作风建设这个环节突破,真管真严、敢管敢严、长管长严,全面强化党内监督,遏制腐败滋生蔓延势头,增强人民群众获得感,推动全面从严治党不断向纵深发展。经过4年多努力,不敢腐的目标初步实现、不能腐的制度日益完善、不想腐的堤坝正在构筑,反腐败斗争压倒性态势已经形成,党内政治生活呈现新的气象。一项调查显示,2016年有92.9%的群众对全面从严治党、反腐败工作成效表示很满意或比较满意,比2012年提高17.9个百分点。

各方观点

中央党校教授辛鸣:制度更具有根本性。从惩治到预防,从治标到治本,从发力"不敢腐"到着力"不能腐",从"打虎"到"拍蝇",再到"猎狐"追逃,事事有规矩约束,条条有制度保障,对于形成反腐败斗争压倒性态势发挥了重要作用。

——2017年1月17日《光明日报》

北京科技大学廉政研究中心副主任宋伟:一方面,反腐败斗争压倒性态势已经形成;另一方面,反腐败斗争形势依然严峻复杂。下一步,还要继续保持节奏和力度,踩着不变的步伐,按照七次全会部署,做到"惩治腐败力度决不减弱,零容忍态度决不改变"。

——2017年1月17日《光明日报》

02 监察体制改革试点全面推开：彰显依法惩治腐败的决心

图片来源：新华社

● 事件回放

为了贯彻落实党的十九大精神，根据党中央确定的《关于在全国各地推开国家监察体制改革试点方案》，2017年11月4日，第十二届全国人民代表大会常务委员会第三十次会议决定：在全国各地推开国家监察体制改革试点工作。

一、在各省、自治区、直辖市、自治州、县、自治县、市、市辖区设立监察委员会，行使监察职权。将县级以上地方各级人民政府的监察厅（局）、预防腐败局和人民检察院查处贪污贿赂、失职渎职以及预防职务犯罪等部门的相关职能整合至监察委员会。监察委员会由本级人民代表大会产生。监察委员会主任由本级人民代表大会选举产生；监察委员会副主任、委员，由监察委员会主任提请本级人民代表大会常务委员会任免。监察委员会对本级人民代表大会及其常务委员会和上一级监察委员会负责，并接受监督。

二、监察委员会按照管理权限，对本地区所有行使公权力的公职人员依法实施监察；履行监督、调查、处置职责，监督检查公职人员依法履职、秉公用权、廉洁从政以及道德操守情况，调查涉嫌贪污贿赂、滥用职权、玩忽职守、权力寻租、利益输送、徇私舞弊以及浪费国家资财等职务违法和职务犯罪行为并作出处置决定；对涉嫌职务犯罪的，移送检察机关依法提起公诉。为履行上述职权，监察委员会可以采取谈话、讯问、询问、查询、冻结、调取、查封、扣押、搜查、勘验检查、鉴定、留置等措施。

三、在试点工作中，暂时调整或者暂时停止适用《中华人民共和国行政监察法》，《中华人民共和国刑事诉讼法》第三条、第十八条、第一百四十八条以及第二编第二章第十一节关于检察机关对直接受理的案件进行侦查的有关规定，《中华人民共和国人民检察院组织法》第五条第二项,《中华人民共和国检察官法》第六条第三项,《中华人民共和国地方各级人民代表大会和地方各级人民政府组织法》第五十九条第五项关于县级以上的地方各级人民政府管理本行政区域内的监察工作的规定。其他法律中规定由行政监察机关行使的监察职责,一并调整由监察委员会行使。

决定自2017年11月5日起施行。

● 事件影响

国家监察体制改革是党中央决定进行的一项事关全局的重大政治体制改革举措。根据党中央决策部署和2016年12月十二届全国人大常委会第二十五次会议作出的决定,在北京市、山西省、浙江省开展改革试点工作,取得重要阶段性成果,探索积累了成功经验。

十九大报告指出:"深化国家监察体制改革,将试点工作在全国推开,组建国家、省、市、县监察委员会,同党的纪律检查机关合署办公,实现对所有行使公权力的公职人员监察全覆盖。制定国家监察法,依法赋予监察委员会职责权限和调查手段,用留置取代'两规'措施"。这为深化国家监察体制改革指明了方向,也彰显了全面依法治国、以法治思维和法治方式惩治腐败的决心和自信。

在2017年底2018年初召开的省、市、县人民代表大会上产生三级监察委员会,将使改革与地方人大换届工作紧密衔接,有利于加快改革步伐,确保改革有序深入推进,是巩固发展反腐败斗争压倒性态势的必然要求。

● 各方观点

中国政法大学副校长马怀德:将国家监察体制改革试点工作在全国各地推开,就是要按照中央确定的时间表和路线图,积极稳妥推进试点工作顺利实施,组建省市县监察委员会;制定国家监察法、设立国家监察委员会、产生国家监察委员会组成人员。通过改革,有效巩固反腐败成果,加强党对反腐败工作集中统一领导,整合分散的反腐败力量,以法治思维和法治方式反对腐败,实现对所有行使公权力的公职人员监察全覆盖。

——2017年12月8日中央纪委监察部网站

北京航空航天大学廉洁教育与研究中心副主任杜治洲:十九大报告提出国家监察体制改革试点工作将在全国推开,实行监察体制改革,设立监察委员会,建立集中统一、权威高效的监察体系,实现监察对象全覆盖,是改革开放以来反腐败体制机制改革中浓墨重彩的一笔。

——2017年10月23日《法制日报》

03 《厦门宣言》：
反腐败国际合作谱写新篇章

图片来源：新华社

● 事件回放

金砖国家领导人第九次会晤于2017年9月3日至5日在福建省厦门市举办，围绕"深化金砖伙伴关系，开辟更加光明未来"主题，与会国讨论了共同关心的国际和地区问题，协商一致通过《金砖国家领导人厦门宣言》。《厦门宣言》是厦门会晤的主要成果之一，9月4日，金砖国家领导人（中国国家主席习近平、巴西总统特梅尔、俄罗斯总统普京、南非总统祖马、印度总理莫迪）在福建厦门签署，自2017年9月4日起实施。

《厦门宣言》总计71条，长达1.2万余字，体量在历届金砖国家领导人会晤中前所未有。会晤在金砖经济务实合作、全球经济治理、国际和平与安全、加强人文交流合作等方面达成共识，为加强金砖伙伴关系、深化各领域务实合作规划了新蓝图。

《厦门宣言》第20条表示：腐败对可持续发展带来负面影响。我们支持加强金砖国家反腐败合作，重申致力于加强对话与经验交流，支持编纂金砖国家反腐败图册。腐败资产非法流动危害金砖国家经济发展和金融稳定，我们支持加强资产追回合作。我们支持包括通过金砖国家反腐败工作组机制加强国际反腐败合作和追逃追赃工作。非法资金流动、藏匿在国外的非法所得等腐败活动是全球性挑战，将对经济增长和可持续发展造成负面影响。我们将努力加强这方面的协调行动，依据《联合国反腐败公约》和其他有关国际法，鼓励在全球范围内更有力地预防和打击腐败。

● 事件影响

2017 年 9 月 4 日，金砖国家领导人就加强反腐败合作达成重要共识并写入《金砖国家领导人厦门宣言》。这是中国向构建国际反腐败合作新格局的目标迈出的又一个坚实步伐，在谱写反腐败国际合作新篇章中留下了浓重一笔。

从 APEC 北京会议到 G20 杭州峰会，从《北京反腐败宣言》到追逃追赃高级原则，再到金砖国家反腐败图册，中国主动倡导构建国际反腐败新秩序，积极推动国际追逃追赃务实合作，不断增强国际话语权和规则制定权，充分展现领导力和影响力，贡献了中国智慧、提供了中国方案。

党的十八大以来，反腐败国际合作和追逃追赃工作由过去部门间对话解决，已上升为构建国家间政治与外交关系的战略高度。习近平总书记无论出访还是参加国际会议，都积极搭建国家交流合作平台，主动设置反腐败国际合作议题，同有关国家领导人讨论加强追逃追赃合作，向世界表明中国共产党坚定不移反对腐败的鲜明态度，展现出对中国特色社会主义道路、理论、制度和文化的高度自信。

● 各方观点

北京大学廉政建设研究中心副主任庄德水：中国近年来的反腐败工作及其成果已经得到国际社会的广泛认可，中国正逐步参与、主导国际反腐的话语权，并为掌握反腐国际合作的主动权寻求政策空间。

——2017 年 9 月 6 日《新京报》

巴基斯坦国防大学助理教授沙飞：《厦门宣言》强调，金砖国家将"致力于加强对话与经验交流，支持编纂金砖国家反腐败图册"。决定加强资产追回合作，支持包括通过金砖国家反腐败工作组机制加强国际反腐败合作和追逃追赃工作。《宣言》凝聚了与会各国围绕"深化金砖伙伴关系，开辟更加光明未来"峰会主题采取的积极措施和具体成果。

——2017 年 9 月 7 日国际在线

04 修订八项规定实施细则：作风建设永远在路上

资料图片

🔴事件回放

2017年10月27日,十九届中共中央政治局召开会议,研究部署学习宣传贯彻党的十九大精神,审议《中共中央政治局贯彻落实中央八项规定的实施细则》。

会议强调,党中央集中统一领导是党的领导的最高原则,从根本上关乎党和国家前途命运、关乎人民根本利益。加强和维护党中央集中统一领导是全党共同的政治责任,首先是中央领导层的政治责任。

会议一致同意中央政治局关于加强和维护党中央集中统一领导的若干规定。中央政治局全体同志要牢固树立"四个意识",坚定"四个自信",主动将重大问题报请党中央研究,认真落实党中央决策部署并及时报告落实的重要进展;要带头执行党的干部政策,结合分管工作负责任地向党中央推荐干部;要对党忠诚老实,自觉同违反党章、破坏党的纪律、危害党中央集中领导和团结统一的言行作斗争,认真履行所分管部门、领域或所在地区的全面从严治党责任;要坚持每年向党中央和总书记书面述职;要严格遵守有关宣传报道的规定。中央书记处和中央纪律检查委员会、全国人大常委会党组、国务院党组、全国政协党组、最高人民法院党组、最高人民检察院党组每年向中央政治局常委会、中央政治局报告工作。

会议指出,实施细则坚持以习近平新时代中国特色社会主义思想为指导,贯彻落实党的十九大对党的作风建设的新部署新要求,坚持问题导向,根据这几年中央八项规定实施过程中遇到的新情况新问题,着重对改进调查研究、精简会议活动、精简文件简报、规范出访活动、改进新闻报道、厉行勤俭节约等方面内容作了进一步规范、细化和完善,更加切合工作实际,增强了指导性和操作性。中央政治局的同志要带头弘扬党的优良作风,严格执行中央八项规定,为全党作出表率。

● 事件影响

党的十九大刚刚闭幕后的第一次政治局会议,就研究进一步深化落实中央八项规定,既是对党的十九大新部署新要求的坚定贯彻,也向全党全社会释放了强烈信号:作风建设永远在路上,必须驰而不息改进作风,把全面从严治党向纵深推进。

新时代要有新气象,更要有新作为。党的十九大深刻分析党面临的执政环境和影响党的先进性、弱化党的纯洁性的因素,对全面从严治党作出新部署新要求,其中一项重要任务就是持之以恒正风肃纪。习近平总书记在报告中明确提出,"坚持以上率下,巩固拓展落实中央八项规定精神成果,继续整治'四风'问题,坚决反对特权思想和特权现象"。

贯彻执行中央八项规定是关系党会不会脱离群众,能不能长期执政、能不能很好履行执政使命的大问题。"民心是最大的政治。"加强作风建设,必须紧紧围绕保持党同人民群众的血肉联系,进一步巩固拓展落实中央八项规定精神成果,不断厚植党执政的群众基础。党心凝聚了,民心昂扬了,中国特色社会主义事业就会焕发出强大生机和活力。

● 各方观点

巴勒斯坦民族解放运动官员穆斯塔法·易卜拉欣:中国共产党近年来通过持续的思想政治建设,狠抓党内风气,增强了民众的信任感,证明中共为人民谋福利的本色没有改变。

——2017年12月4日新华网

中央纪委驻中国社科院纪检组副组长高波:以习近平同志为核心的党中央,以强烈的历史担当和顽强的意志品质,以厉行八项规定向党内的种种陈规积弊挥出"第一刀",并且始终坚持以身作则、率先垂范,坚定不移推进全面从严治党。以上率下,形成层层传导压力、人人落实责任的有效链条,是极为重要的一条经验。

——2017年11月18日《中国纪检监察报》

网友@花园的花:我们能深刻感受到身边的变化,政治的清明,政风的清明,让身边的老百姓很有感触,人民的满意度持续提高,这样的成果十分可喜又欣慰。

——2017年10月27日人民网强国论坛

05 "天网2017":
"百名红通人员"超半数归案

图片来源：新华社

● 事件回放

　　2017年12月6日下午，外逃加拿大的"百名红通人员"李文革回国投案，成为自2015年4月22日发布"百名红通人员"名单后到案的第51人。至此，"百名红通人员"超半数归案，2017年到案的已达14人，其中党的十九大后到案3人。

　　2017年3月7日，中央反腐败协调小组国际追逃追赃工作办公室召开会议，宣布启动"天网2017"行动。由最高人民检察院牵头开展职务犯罪国际追逃追赃专项行动，由公安部牵头开展"猎狐行动"，由中国人民银行会同公安部牵头开展打击利用离岸公司和地下钱庄向境外转移赃款专项行动。

　　"天网2017"行动延续"天网2015""天网2016"的成功做法，同时增加新的专项行动——适用犯罪嫌疑人、被告人逃匿案件违法所得没收程序追赃专项行动，由最高人民法院会同最高人民检察院和公安部开展，旨在集中时间和力量追缴一批腐败涉案资产。

● 事件影响

　　党的十八大以来，以习近平同志为核心的党中央就反腐败国际追逃追赃工作作出重大战略部署，追逃追赃成为全面从严治党和反腐败斗争的重要一环，为反腐败斗争形成压倒性态势发挥了重要作用。2016年已从70多个国家和地区追回外逃人员1032人，其中国家工作人员134人，"百名红通人员"19人，追回赃款24亿元。追逃追赃战果持续扩大，震慑作用不断增强。

2017年3月9日,在中央反腐败协调小组国际追逃追赃工作办公室的统筹协调下,经辽宁省追逃办多方努力,"百名红通人员"第40号王佳哲从美国回国投案自首。这是"天网2017"行动启动以来到案的首位"百名红通人员"。

2017年4月27日,《中央反腐败协调小组国际追逃追赃工作办公室关于部分外逃人员藏匿线索的公告》发布,通报曝光肖建明、蒋雷等22名外逃人员藏匿线索。2017年5月10日,公布40名已归案"百名红通人员"后续情况,已宣判15名,作出不起诉决定2名,撤案1名,法院已受理但尚未宣判的9名,移送审查起诉或正在侦办的13名。

从2015年起,全国31个省区市均成立了追逃办,绝大多数地市一级和县一级地区均成立了追逃办。2017年以来,省一级追逃办也在追逃追赃方面集中发力。

数字见证着2017年中国在反腐败国际追逃追赃工作方面取得的丰硕成果。据统计,在党中央的坚强领导和中央反腐败协调小组的直接指挥下,中央追逃办加强统筹协调,各地区各部门积极行动、密切协作,2017年以来共追回外逃人员1021名,其中党员和国家工作人员292人,追赃金额9.03亿元人民币。

● 各方观点

全国人大代表、黑龙江省澳利达医药集团药物研究所所长周有财:追逃追赃工作法律性、政策性强,工作难度特别大,需要全社会的理解和支持。对此,应当动员人民群众参与到追逃追赃中去,依靠群众力量推进这项工作深入开展。

——2017年3月7日《检察日报》

北京大学廉政建设研究中心副主任庄德水:从设立国际追逃追赃工作办公室,公布百名外逃人员红色通缉令,开展"天网行动",到深化国际反腐败执法合作,设置防逃程序……双向压缩腐败空间,击碎贪官外逃美梦。

——2017年11月25日《中国纪检监察报》

06 巡视利剑更加锋利：为全面从严治党提供制度保障

图片来源：新华社

●事件回放

2017年6月21日，随着十二轮巡视对中国农业大学、北京航空航天大学等15所中管高校党委巡视反馈情况集中公布，十八届中央最后一轮巡视结束。这标志着中央巡视如期完成全覆盖，实现了党的历史上首次一届任期内中央巡视全覆盖。

不仅是中央巡视首次实现全覆盖，省级巡视全覆盖也如期完成。截至2017年4月底，各省区市党委已顺利完成8362个地方、部门、企事业单位党组织全面巡视任务，实现了本届党委任期巡视全覆盖。

从2013年5月第一轮巡视拉开帷幕，十二轮总共巡视277个单位党组织，对16个省区市开展"回头看"，对4个单位开展了"机动式"巡视，累计巡视党组织297次。"机动式"巡视，是在第十二轮巡视首次推出的新招。与常规巡视和专项巡视相比，"机动式"巡视规模更小、人员更少，每个机动小组只有五六个人。不同于常规巡视的综合体检和专项巡视的专项检查，"机动式"巡视问题导向更加鲜明，哪里问题反映突出就去哪里，机动灵活地选定巡视任务，类似"游动哨"。

从第一轮巡视开始探索实行"三个不固定"，即组长不固定、巡视对象不固定、巡视组和巡视对象的关系不固定，到第三轮巡视在常规巡视的同时首次探索开展专项巡视，并在第五轮起全面推开；从第六轮巡视探索分类专项巡视、实行"一托二"，到第八轮巡视试点"一托三"；从第九轮巡视开展"回头看"，到第十二轮巡视试点开展"机动式"巡视，巡视的方式方法一直在创新。

巡视的丰富实践不断发展，使得巡视制度也相应迅速发展。2017年7月14日，新修订的《中国共产党巡视工作条例》正式发布，巡视工作条例的再"升级"，总结吸纳巡视工作实践创新成果,对中央和国家机关巡视工作、市县巡察工作、一届任期内巡视全覆盖等作出明确规定,为依纪依规开展巡视、推动巡视工作向纵深发展提供制度保障。

● 事件影响

巡视全覆盖,是全面从严治党的必然要求,也是党中央向全党全社会作出的庄严承诺。党的十八大以来,以习近平同志为核心的党中央高度重视巡视工作,对加强和改进巡视工作作出一系列重大决策部署,继续让巡视成为"国之利器、党之利器"。巡视实现一届任期内全覆盖,这个硬性要求的提出,表明了党内监督无空白、无禁区、无例外的明确态度,彰显了党中央坚决惩治腐败的坚定决心。

截至2017年7月,十八届党中央共开展12轮巡视,派出160个组次,对277个地方、单位党组织进行了巡视,如期实现了一届任期内巡视全覆盖目标,兑现了党中央政治承诺,展示了党内监督无禁区的鲜明立场。给自己提出全覆盖的硬任务,在党的历史上是第一次;实现一届任期内全覆盖的大工程,在党的历史上也是第一次。通过这次全面的政治体检,不仅揪出了腐蚀党的肌体的大小"蛀虫",有力扭转了被巡视党组织存在的纪律松弛、组织涣散等局面,而且唤醒了广大党员尤其是领导干部的规矩和底线意识。根据巡视发现的问题线索,查处了苏荣、王珉、黄兴国等一大批高级领导干部,揭露了山西"系统性塌方式腐败"、湖南衡阳破坏选举案、四川南充拉票贿选案、辽宁拉票贿选案等一系列重大案件。据统计,党的十八大以来,中央纪委立案审查的中管干部中,50%以上是根据巡视移交的问题线索查处的。

● 各方观点

中央纪委副书记杨晓超:实现党的全面领导、长期执政,最大挑战就是对权力的有效监督。有效破解党内监督难题,推动全面从严治党向纵深发展,都需要坚持不懈用好巡视这把利剑。

——2017年7月17日《人民日报》

中国矿业大学(北京)廉政研究中心执行主任刘金程:中央提出巡视全覆盖目标,体现了全面从严治党的坚定决心,明确了巡视工作的努力方向,也是一种工作策略——党内监督没有例外、不留空白。

——2017年6月29日《法制日报》

07 监督执纪有新规：
纪委自身建设日益加强

资料图片

● 事件回放

2017年1月8日，十八届中央纪委七次全会在京闭幕，全会审议通过了《中国共产党纪律检查机关监督执纪工作规则（试行）》。

全会一致认为，制定监督执纪工作规则，是纪检机关贯彻党的十八届六中全会精神，落实全面从严治党部署，带头强化自我约束，把监督执纪权力关进制度笼子，做到正人先正己的实际行动，充分表明了严格自律的担当和决心。

全会审议通过的《中国共产党纪律检查机关监督执纪工作规则（试行）》，紧扣监督执纪工作流程，明确请示报告、线索处置、初步核实、立案审查、案件审理、涉案款物管理等工作规程；规定谈话函询的工作程序，执纪审查的审批权限，调查谈话和证据收集的具体要求；提炼有效管用实招，上升为制度规范，把纪委的自我监督同接受党内监督、社会监督等有机结合，确保党和人民赋予的权力不被滥用。

全会指出，中央纪委要带头执行规则，加强对监督执纪工作的领导、管理和监督，各级纪委要切实履行自身建设主体责任，严肃处理执纪违纪、失职失责行为。

● 事件影响

没有制约的权力是危险的。监督执纪问责是纪委最重要的权力，也是最容易出问题的环节。2017年1月8日十八届中央纪委七次全会上通过的《中国共产党纪律检查机关监督执纪工作规则（试行）》共9章57条，针对纪检机关最核心的监督执纪权力，提出了更严格的要求

——加强对线索处置、谈话函询、初步核实、审查审理、涉案款物管理等环节的监督,建立审查全程录音录像、打听案情和说情干预登记备案、纪检干部脱密期管理等制度,把制度的篱笆扎紧,确保权力受到严格的约束。

《中国共产党纪律检查机关监督执纪工作规则(试行)》充分吸纳了实践中的有效做法和具体实招,将其上升为制度规范,实现了党内法规制度建设的与时俱进——审查组设立临时党支部,加强对审查组成员的教育和监督;调查取证应当收集原物原件,逐件清点编号,现场登记;建立打听案情、过问案件、说情干预登记备案制度……一条条落实落细的举措,盯住了人看住了事,对存在的问题精确制导,给监督执纪权戴上了"紧箍"。

全面从严治党永远在路上,纪检机关加强自身建设同样永远在路上。《中国共产党纪律检查机关监督执纪工作规则(试行)》的印发实施,使各级纪检机关增添了强化自我监督的制度利器,为把纪检干部队伍建设成一支让党放心、人民信赖的铁军提供了坚强保证。

●各方观点

原中央纪委副书记吴玉良:七次全会通过的监督执纪工作规则,就是针对纪检机关最核心的监督执纪权力,从工作流程上设计制度规定,提出严格的要求,扎紧制度的笼子,防止"灯下黑"。

——2017年1月23日《中国纪检监察》

中央党校教授谢春涛:纪委是负责监督别人的,自身必须干净,中央领导同志反复讲这个论断,信任不能代替监督。为了让他们不出问题,应该在工作流程上、工作机制上、工作环节上作出规定,这些规定如果真能得到落实,可以有效地防止"灯下黑"的问题。

——2017年1月21日中国之声《新闻纵横》

08 问责盯紧脱贫攻坚战：确保扶贫资金安全运行

资料图片

🔴 事件回放

　　2017年7月3日，扶贫领域监督执纪问责工作电视电话会召开。会议指出，打赢脱贫攻坚战，关乎全面建成小康社会。要认真学习贯彻习近平总书记在深度贫困地区脱贫攻坚座谈会上的重要讲话精神，落实党中央决策部署，推动全面从严治党向基层延伸，厚植党执政的政治基础。

　　会议强调，要从中央纪委和省级纪委做起，一级抓一级、层层传导压力，推动管党治党政治责任落实到基层。要以党中央关于脱贫攻坚的要求为尺子，瞪大眼睛、拉长耳朵，重点查处贯彻中央脱贫工作决策部署不坚决不到位、弄虚作假、阳奉阴违的行为，确保中央政令畅通。坚决纠正以形式主义、官僚主义对待扶贫工作、做表面文章的问题，树立起实事求是、求真务实的鲜明导向。严肃查处贪污挪用、截留私分，优亲厚友、虚报冒领，雁过拔毛、强占掠夺问题，对胆敢向扶贫资金财物"动奶酪"的严惩不贷。要定期梳理汇总信访举报问题，建立问题线索移送查处机制，问题突出、反映集中的要督查督办。对搞数字脱贫、虚假脱贫的，对扶贫工作不务实不扎实、脱贫结果不真实、发现问题不整改的要严肃问责，使脱贫成效让群众认可，经得住历史的检验，确保党的好政策落到实处，增强群众的获得感。

🔴 事件影响

　　扶贫领域监督执纪问责工作电视电话会召开后，全国各级纪检监察机关按照中央纪委的部署，围绕本地区扶贫开发工作中的突出问题精准发力、精准监督，以纪律保障扶贫。有的省(自治区)纪委召开常委会议或专题会议研究部署扶贫领域监督执纪问责工作;有的省(自治区)纪委书记带头,深入基层进行专题调研;有的制定专项工作方案或指导意见,增强工作的针对性和系统性;有的约谈市、县党委书记和纪委书记,进一步明确整治和查处扶贫领域腐败问题的责任……

经过深入实践和探索,各级纪检监察机关在扶贫领域积累了丰富的监督执纪问责的新经验:一是开展督办督查,把压力传导到基层。各级纪检监察机关特别是中央纪委和省级纪委发挥督办督查的杠杆作用,通过对典型问题的重点督办督查,层层传导压力,压实基层责任,推动扶贫领域监督执纪问责工作不断深入。二是加大执纪问责力度,保持高压态势。各级纪检监察机关畅通信访举报渠道,及时发现问题线索,严肃查处扶贫领域腐败问题,坚决铲除侵害群众利益、侵蚀党的执政基础的腐败毒瘤。三是实施专项整治,解决突出问题。四是开展巡视巡察,强化扶贫政治责任。各级巡视机构深化政治巡视,积极开展对扶贫政策、资金、项目落实情况的专项巡视巡察,着力检查有关党组织履行脱贫攻坚政治责任情况。五是坚持公开通报曝光,形成持续震慑。各级纪检监察机关把公开曝光典型问题作为扶贫领域监督执纪问责工作的重要环节,力度不减、节奏不变,始终保持警示震慑的强大态势。

● 各方观点

安徽省六安市委常委、纪委书记汪德满:抓好扶贫领域监督执纪问责工作是一项极其严肃的政治任务,是维护群众利益的迫切需要,也是推动全面从严治党向基层延伸的重要途径,各级党委和纪检监察机关认识上要再提升,进一步强化责任感和紧迫感,加大监督执纪问责力度,为打赢脱贫攻坚战保驾护航。

——2017年7月17日安徽纪检监察网

内蒙古自治区乌兰察布市纪检干部:要走出办公室,深入县乡检查抽查,到贫困户家中了解、核查信访问题线索,掌握真实情况,发扬钉钉子精神,一个节点一个节点地抓,层层传导压力,真正狠抓落实。

——2017年7月30日中央纪委监察部网站

09 国内首个反贿赂管理标准出台：
隔离企业与公权力的灰色地带

2017年11月13日，在深圳揭幕的反贿赂管理全球最佳实践峰会上，颁发了第一张反贿赂管理体系认证证书。

图片来源：《晶报》

🔴 事件回放

国内首个反贿赂领域地方标准——《反贿赂管理体系深圳标准》（以下简称《深圳标准》）于2017年7月1日起实施。7月3日，深圳举行反贿赂管理体系国际标准和深圳标准培训班，深圳市标准院首次对标准进行解读。今后企业反腐败反贿赂将不仅针对自身，同时对于其上下游——如供应商、客户等供应链链条也都负有提出反贿赂要求的责任和义务；同时在预防发现控制贿赂行为时，将全程留痕，以便证明整个过程已实施管控。

据悉，《深圳标准》共分为10章，包括术语和定义、反贿赂管理体系、管理职责、贿赂风险评估、支持、实施、绩效评估及改进等章节。标准的适用对象为各种类型和规模的商业组织，其他非商业组织如党政机关、事业单位、社会团体等也可参照使用。该标准将为相关企业完善内部反腐体系提供指引，企业按图索骥，就能通过机制化的方式减少内部腐败。

对于企业来说，贿赂行为有扭曲公平竞争、破坏企业治理等弊端。资料显示，国际标准化组织于去年10月发布ISO37001《反贿赂管理体系、要求及使用指南》，反贿赂从此有了国际标准。

在该国际标准的制定过程中，由中央纪委国际合作局牵头组织，深圳全程参与了标准的制定。此次《深圳标准》的制定和实施，填补了国内预防贿赂方面的制度空白，深圳也成为国内首个结合国际标准出台本地管理体系标准的城市。

●事件影响

标准化是《深圳标准》的一大亮点。企业通过建立和实施反贿赂管理体系,可以有效预防和处置内部及外部的贿赂风险,有助于加强内控、规范管理、提高效率、节约成本,有利于提升企业形象、打造廉洁文化、促进持续健康发展,也有利于营造公平竞争、廉洁诚信的市场环境。

《深圳标准》适用于所有的商业组织,不仅监管企业对国家工作人员的贿赂行为,也同样监管企业间的贿赂行为,相较于刑法监管的范围更为广泛。它的出台,对贪污贿赂行为的法律规制作出了有效的体制外补充。如果企业、组织都能自愿纳入到《深圳标准》的监管体系之中,就等于在源头上切断了国家工作人员权力寻租的空间,从而有效地减少国家工作人员职务犯罪行为的发生。

作为国内首个反贿赂领域地方标准,《深圳标准》是推动我国反腐制度、反腐理论层面的重大实践和创新,弥补了长久以来我国反腐败工作中重受贿轻行贿的短板。不仅针对企业内部的监管治理,还对商业合作伙伴、上游企业提出了廉洁要求,形成了整个管理链条的反贿赂管理体系,将有助于实现反腐败从事后的惩治转到事前和事中的监督管理。

●各方观点

深圳大学城市治理研究院院长、教授黄卫平: 随着反贿赂国际合作的深入开展,标准化必将成为国际社会反贿赂的制高点,也将成为企业走向国际市场的新要求。

——2017 年 6 月 17 日《南方日报》

深圳市市场监督管理局(市质量管理局、市知识产权局)副局长夏昆山: 反贿赂管理体系将标准化的管理手段引入贿赂治理领域,企业和社会组织旗帜鲜明地反对贿赂,并采取有效管控措施,无疑切断了公职人员寻租腐败的源头,有利于从行贿受贿两端严密防控贿赂风险。

——2017 年 7 月 4 日《南方日报》

中集集团纪委书记刘震环: 企业实施反贿赂管理体系,能够有效防止内部腐败,避免员工误入歧途,从而有利于提升企业形象,增强竞争力,更有助于营造廉洁诚信的社会氛围。

——2017 年 6 月 16 日人民网

2017

中国法治蓝皮书

反腐篇

——腐败众生相

2017

中国反腐纪实

01 孙政才：官场"两面人"

入选贪官：重庆市委原书记孙政才

孙政才　　资料图片

● 事件回放

　　孙政才，男，汉族，1963年9月生，山东荣成人，研究生，农学博士，研究员，1987年5月参加工作，1988年7月加入中国共产党。曾任中央政治局委员，重庆市委书记。

　　根据中央巡视组巡视和中央纪委、政法机关查办案件发现及群众举报反映的线索和证据，2017年7月14日，中央决定将孙政才调离重庆市委书记岗位，由中央纪委对其进行纪律审查、开展组织谈话。7月24日，中共中央决定，由中共中央纪律检查委员会对孙政才立案审查。

　　经查，孙政才动摇理想信念，背弃党的宗旨，丧失政治立场，严重违反党的政治纪律和政治规矩；严重违反中央八项规定和群众纪律，讲排场、搞特权；严重违反组织纪律，选人用人唯亲唯利，泄露组织秘密；严重违反廉洁纪律，利用职权和影响为他人谋取利益，本人或伙同特定关系人收受巨额财物，为亲属经营活动谋取巨额利益，收受贵重礼品；严重违反工作纪律，官僚主义严重，庸懒无为；严重违反生活纪律，腐化堕落，搞权色交易。其中，孙政才利用职权为他人谋取利益并收受财物问题涉嫌犯罪。审查中还发现孙政才其他涉嫌犯罪线索。孙政才的行为完全背离了党性原则，严重违背了党中央对高级干部提出的政治要求，辜负了党中央的信任和人民的期待，给党和国家事业造成巨大损害，社会影响极其恶劣。

　　2017年9月29日，中共中央政治局会议审议并通过中共中央纪律检查委员会《关于孙政才严重违纪案的审查报告》，决定给予孙政才开除党籍、开除公职处分，将其涉嫌犯罪问题及线索移送司法机关依法处理。

2017年9月30日,重庆市四届人大常委会举行第四十次会议,会议依法罢免了孙政才的重庆市第四届人民代表大会代表职务。根据代表法的有关规定,孙政才的重庆市第四届人民代表大会代表资格终止。11月4日,第十二届全国人民代表大会常务委员会第三十次会议表决通过,决定罢免孙政才第十二届全国人民代表大会代表职务。依照《中华人民共和国全国人民代表大会和地方各级人民代表大会代表法》的有关规定,孙政才的代表资格终止。

日前,最高人民检察院经审查决定,依法对孙政才以涉嫌受贿罪立案侦查并采取强制措施。案件侦查工作正在进行中。

● 警示意义

39岁晋升副省级干部,43岁擢升正部,成为当时中央部委中最年轻的"一把手",一时有"少帅部长"之称。回首孙政才从政生涯,这位"60后"高干的仕途可谓一帆风顺,前程被普遍看好。但事实证明,反腐一直在向纵深发展,无论涉腐官员级别多高,都逃不脱反腐之网。

● 各方观点

《环球时报》社评:孙政才的年轻和他晋升的一帆风顺曾给人们留下深刻印象,他的垮塌也因此尤为震动。一个官员必须政治上坚定忠诚,必须严格遵守党纪国法,必须全心全意为人民服务,德正行端,否则"年轻有为"的官场神话就可能是悲剧的华丽开篇,这是"孙政才浮沉录"带给人们最强烈的启示之一。回头看这一切,孙政才从仕途巅峰跌落的逻辑如此清晰,最重要的原因是,十八大以来的反腐败把党纪面前人人平等和法律面前人人平等做了前所未有的厘清和巩固。一些人曾经将信将疑的原则成为了中国社会坚定的共识和普遍的常识。党纪国法面前没有特权,任何人以特权者自居都将付出沉重代价。

——2017年9月30日《环球时报》

新闻评论员石羚:从周永康到孙政才,5年来被查处的高级领导干部,绝大多数经济腐败都和政治问题相互交织。思想上一旦"缺钙",组织涣散、纪律松弛、作风不正的现象就会无孔不入,归根结底都是政治意识不强。沧海横流显砥柱,万山磅礴看主峰。越是党和国家面临工作重大调整的时刻,越是要"旗帜鲜明讲政治"。

——2017年11月7日《人民日报》

02 黄兴国：
奉骗子为座上宾

入选贪官：天津市委原代理书记、原市长黄兴国

黄兴国　　资料图片

● 事件回放

　　黄兴国，男，汉族，1954年10月生，浙江象山人，1972年11月参加工作，1973年9月加入中国共产党，曾任天津市委代理书记、市长。

　　2016年9月10日，天津市委代理书记、市长黄兴国涉嫌严重违纪，接受组织调查。中央决定黄兴国不再代理天津市委书记，免去其市委副书记、常委、委员和市长职务。

　　2017年1月4日，经中共中央批准，中共中央纪委对黄兴国严重违纪问题进行立案审查。依据《中国共产党纪律处分条例》等有关规定，经中央纪委常委会议研究并报中共中央政治局会议审议，决定给予黄兴国开除党籍处分；由监察部报请国务院批准给予其开除公职处分；收缴其违纪所得；将其涉嫌犯罪问题、线索及所涉款物移送司法机关依法处理。

　　2017年1月，最高人民检察院经审查决定，依法对黄兴国以涉嫌受贿罪立案侦查并采取强制措施。

　　2017年7月，黄兴国涉嫌受贿一案，经最高人民检察院指定，由河北省人民检察院侦查终结后移送河北省石家庄市人民检察院审查起诉。

　　2017年8月9日，河北省石家庄市中级人民法院一审公开开庭审理了黄兴国受贿案，黄兴国当庭表示认罪悔罪。

　　法庭经审理查明：1994年至2016年，被告人黄兴国利用担任中共浙江省台州地委书记、台州市委书记、浙江省人民政府秘书长、副省长、中共浙江省委常委、宁波市委书记、中共天津市委副书记、天津市人民政府副市长、中共天津市委代理书记、天津市人民政府市长等职务上的便利,为有关单位和个人在取得项目用地、职务晋升等事项上谋取利益,或者利用本人职权、地位形成的便利条件,通过其他国家工作人员职务上的行为,为他人谋取不正当利益,直接或通过他人收受相关人员给予的财物共计折合人民币4003万余元。

2017年9月25日,河北省石家庄市中级人民法院公开宣判,对被告人黄兴国以受贿罪判处有期徒刑十二年,并处罚金人民币300万元。

🔴 警示意义

黄兴国作为"一把手",违背五湖四海、任人唯贤的组织原则,封官许愿、任人唯亲,对"自己人"设计路线,着意栽培使用,使拜码头、拉山头等歪风邪气蔓延,败坏了政治风气,带坏了一批干部。作为党员干部,一方面要反对"圈子文化",另一方面也不能自我设计盘算升迁。只有不求做大官、立志做大事,才能保持谋事的平和心态、干事的持久激情,留下政绩政声,立下丰碑口碑。

🔴 各方观点

《法制晚报》记者李洪鹏:反腐专题片《巡视利剑》第二集《政治巡视》播出了黄兴国大量违纪违法细节,其中一条就是为了升官,竟将政治骗子奉为座上宾。当对个人升迁过度关注,其实就已经远离了初心。大力整治跑官要官、买官卖官、拉票贿选、说情打招呼等不正之风,是净化党内政治生态的关键,要对违反组织人事纪律的实行"零容忍",坚决不让投机钻营者得利、不让买官卖官者得逞、不让脚踏实地的好干部吃亏,真正让那些忠诚、干净、担当的好干部得到褒奖和重用。

——2017年9月10日《法制晚报》

新闻评论员夏研:黄兴国作为天津系列腐败案件的第一责任人,严重失职失责,导致党内政治生活极不正常,甚至为了"官运"迷信风水,封了市政府大院的一扇门……触目惊心的典型案例,说明党员干部一旦理想信念动摇、宗旨意识丧失、政治上存在错误和偏差,将会给党和国家的事业造成何等重大的损失。政治巡视既发现了问题,处理了干部,同时也是一种督促,告诫各级党组织必须扛起管党治党责任,把党内政治生活真正严肃起来,维护良好的政治生态。

——2017年9月11日《光明日报》

03 马建：

不法商人的靠山

入选贪官：国家安全部原副部长马建

马建　资料图片

● 事件回放

马建，男，汉族，1956年生，江西人，毕业于西南政法学院（后更名西南政法大学），长期在国家安全系统工作，先后担任副处长、处长、副局长、局长、部长助理等职，2006年出任国家安全部副部长。

2015年2月25日，全国政协第二十五次主席会议审议通过了撤销马建政协第十二届全国委员会委员资格的决定，并提请全国政协十二届常委会第九次会议追认。2月28日，政协十二届全国委员会常务委员会第九次会议追认政协第十二届全国委员会第二十五次主席会议作出的关于撤销马建政协第十二届全国委员会委员资格的决定。

2016年12月，经中共中央批准，中共中央纪委对国家安全部原党委委员、副部长马建严重违纪问题进行立案审查。

经查，马建严重违反政治纪律和政治规矩，对抗组织审查，转移、藏匿涉案财物；违反组织纪律，不按规定报告个人房产等有关事项，违规为家属办理出境证件；违反廉洁纪律，利用职务上的便利为亲属经营活动谋取巨额利益；违反工作纪律，滥用权力干预执法司法活动；利用职务上的便利为他人谋取利益并收受巨额财物，涉嫌受贿犯罪。马建身为党的高级领导干部，理想信念丧失，严重违反党的纪律，造成严重后果，且在党的十八大后仍不收敛、不收手、性质恶劣、情节严重。依据《中国共产党纪律处分条例》等有关规定，经中央纪委常委会议审议并报中共中央批准，决定给予马建开除党籍处分；由监察部报国务院批准，给予其开除公职处分；收缴其违纪所得；将其涉嫌犯罪问题、线索及所涉款物移送司法机关依法处理。

2017年2月,最高人民检察院经审查决定,依法对国家安全部原党委委员、副部长马建以涉嫌受贿罪立案侦查并采取强制措施。案件侦查工作正在进行中。

● 警示意义

根据公开报道,马建是国安系统首名落马官员。这一事件受到舆论广泛关注,与马建所在的国家安全部的特殊性不无关系。然而,再特殊的部门也不是反腐的禁区,反腐利剑在悬,没有哪个腐败分子能有幸豁免。

● 各方观点

新闻评论员岳小乔:十八大后,"打虎"风暴首次触及颇具神秘色彩又十分敏感的国安系统,无疑有着标志意义。"无禁区、全覆盖、零容忍"就是没有所谓敏感领域、没有所谓特殊干部,没有不能查的部门、没有不能打的虎。仗着在特殊部门胡作非为者、恃权自重忘乎所以者,可得小心了。

———2015年1月31日人民网

新闻评论员蔡方华:马建被查,郭文贵跑路。这两年,富豪出事的很多,究其原因,还是反腐狂飙给政商生态带来了根本性的变化。原本错综纠结的政商朋友圈如同吸血的水蛭,牢牢地叮在国家肌体上,但现在一拍两散,官员和商人巴不得早点彼此划清界限。虽然还没到河清海晏的地步,至少瓜分利益、侵吞财富的行为不再那么明目张胆了。对于人民而言,这当然是好事。

———2015年3月30日《北京青年报》

04 卢恩光："全面造假"令人瞠目

入选贪官：司法部原党组成员、政治部主任卢恩光

卢恩光　　**图片来源：央视新闻截图**

● 事件回放

卢恩光，男，汉族，1965年生于山东省阳谷县，1984年参加工作。1984年9月至2001年3月，任阳谷县高庙王乡中学民办教师，乡党委副书记兼方舟集团董事长、总经理、总工程师，阳谷县政协副主席、党组成员，山东省政协科技开发服务中心副主任、主任等职；2001年3月至2007年6月，任华夏文化出版集团筹备组副组长，华夏日报社社长、党委书记，四川省遂宁市委副书记(挂职)，中国残疾人福利基金会副理事长兼秘书长等职；2007年6月至2009年5月，任劳动保障部办公厅巡视员兼副主任，人力资源和社会保障部劳动监察局巡视员兼副局长；2009年5月至2015年11月，任司法部政治部副主任兼人事警务局局长；2015年11月至2016年12月，任司法部政治部主任、党组成员。

2016年12月16日，卢恩光因涉嫌严重违纪接受组织调查。

2017年5月25日，经中共中央批准，中共中央纪委对司法部原党组成员、政治部主任卢恩光严重违纪问题立案审查。经查，卢恩光年龄、入党材料、工作经历、学历、家庭情况等全面造假，长期欺瞒组织；金钱开道，一路拉关系买官和谋取荣誉，从一名私营企业主一步步变身为副部级干部；亦官亦商，控制经营多家企业，通过不正当手段为企业谋取利益；对抗组织审查。为在职务提拔、企业经营等方面谋取不正当利益，送给国家工作人员巨额财物，涉嫌行贿犯罪。依据《中国共产党纪律处分条例》等有关规定，经中央纪委常委会会议研究并报中共中央批准，决定给予卢恩光开除党籍处分；由监察部报国务院批准，给予其开除公职处分；撤销其违规获得的荣誉称号；将其涉嫌犯罪问题及所涉款物移送司法机关依法处理。一周后，最

高人民检察院以涉嫌行贿罪对卢恩光立案侦查,并采取强制措施。

● 警示意义

　　不同于一般落马的"老虎",在舆论场中,卢恩光最被关注的是"全面造假"。纵观卢恩光履历,其造假之猖狂、官运之亨通、人生之富于戏剧性,让人瞠目结舌。"欲知平直,则必准绳;欲知方圆,则必规矩。"卢恩光通过不正当手段进入司法部门,是规矩之殇,损害了党纪国法的庄严,折伤了司法部门的公信,贻害甚巨。

● 各方观点

　　新闻评论员王钟的:合抱之树,生于毫末。很多人关注省部级"老虎"档案造假,在于他们位高权重。然而,更大范围、隐藏更深的档案造假行为,恐怕还发生在许许多多的基层官员身上,甚至刚刚宣誓成为人民公仆的年轻人身上。当务之急,要建立更全面的干部档案审核机制,让造假者从开始就受到严厉惩戒。不光要遏制造假者进一步危害社会,还要致力于营造公职人员不敢造假、不想造假的风气。

——2017年5月26日《中国青年报》

　　新闻评论员王石川:卢恩光靠造假而仕途亨通,为党纪国法不容;相关人员睁一只眼闭一只眼,守土失责,也是不按规矩办事。一个常识是,提拔官员必须审核档案,这是制度的硬性规定。可见,我们或许并不缺少防范简历造假的制度,但缺的是严格落实制度、不折不扣地遵守规矩。

——2017年7月18日新华每日电讯

05 陈发明：
"理直气壮"搞腐败

入选贪官：湖南省长沙市疾病预防控制中心原主任陈发明

图片来源：《中国纪检监察》

● 事件回放

陈发明，男，汉族，1964年10月生，湖南长沙人，1995年6月加入中国共产党，1985年8月参加工作。曾任长沙市疾病预防控制中心主任。

2016年11月1日，长沙市纪委发布：陈发明涉嫌严重违纪，接受组织调查。

2017年1月17日，长沙市纪委对陈发明严重违纪问题进行了立案审查。经查，陈发明违反中央八项规定精神，违规收受礼金；违反廉洁纪律，收受可能影响公正执行公务的礼金，违反有关规定从事营利活动，搞钱色交易；设立"小金库"并违规支出，利用职务上的便利，为请托人谋取利益，收受请托人所送财物，涉嫌违法犯罪。

陈发明身为党员领导干部，理想信念丧失，法纪意识淡薄，严重违反党的纪律，且在党的十八大后仍不收敛、不收手，情节严重、性质恶劣。依据《中国共产党纪律处分条例》等有关规定，经中共长沙市纪委常委会会议审议并报中共长沙市委批准，决定给予陈发明开除党籍处分，并将其涉嫌犯罪问题及线索移送司法机关依法处理。

陈发明以"人非圣贤，孰能无过"为借口自我放纵，腐化堕落，公开宣称"党纪条规只有圣人才能做到"，逻辑之荒谬，令人不齿。

● 警示意义

组织上入了党、思想上却游离于组织之外，幻想一边享受党员身份带来的光环，一边却不受纪律和规矩的约束，当"自由人""特殊人"，这是非常危险的。

● 各方观点

新闻评论员张贵峰: 如果将这样一些基本的党纪国法底线,都视为"只有圣人才能做到"的高标准,并以此作为自己心安理得地违法乱纪的借口,那么,不仅基本的党纪国法秩序将会面临失守的危险,而且整个社会赖以正常运行的公序良俗、伦理秩序,势必也将变得混乱不堪。

对于这种借口"党纪条规只有圣人才能做到"行违法乱纪之实的党员干部,不仅不能为其巧言令色所蒙蔽,而且必须按照"从严治党、从严执纪"要求及时严厉惩戒,不仅要在其突破党纪国法底线行为已大量严重发生之后严厉惩戒,而且要按照"把纪律挺在前面"、"防微杜渐、慎初慎微"原则"抓早抓小"、"抓长抓细",只有这样,才能有效避免误将"党纪条规"当作"只有圣人才能做到"心理的滋生,进而不断强化筑牢党员干部"党纪国法底线不可逾越、不可触碰"的底线思维。

——2017年3月22日《济南日报》

长江网网评员向秋: 党员干部若信奉"人非圣贤孰能无过",认为"党纪条规只有圣人才能做到",表明其没有认识到遵守党纪的无比重要性,没有正确处理党纪和自由的关系,表明其失去了遵守党纪的自觉性,放松了在纪律上的标准和要求,甚至是在为自己违反党纪找借口。

人不以规矩则废,家不以规矩则殆,国不以规矩则乱。陈发明贪腐案件说明,党员干部一旦离开纪律的约束,在思想上放松了纪律和规矩这根弦,最终会在腐败面前败下阵来。广大党员干部要从陈发明身上汲取教训,始终把党纪铭记在心,严守纪律、严明规矩,绝不能为违纪找任何的借口。

——2017年3月22日长江网

06 于汝民：
拉帮结派培植"秘书圈"

入选贪官：天津港(集团)有限公司原党委书记、董事长于汝民

于汝民　　资料图片

● 事件回放

于汝民，男，汉族，1949年11月生，河北沧县人，1968年9月参加工作，1980年12月加入中国共产党。曾任天津港(集团)有限公司党委书记、董事长。

2017年5月21日，天津市纪委发布消息：经中共天津市委批准，中共天津市纪委对天津港(集团)有限公司原党委书记、董事长于汝民严重违纪问题进行了立案审查。经查，于汝民在担任天津港务局副局长、局长，天津港(集团)有限公司党委副书记、总裁、党委书记、董事长期间及退休后，违反政治纪律和政治规矩，拉帮结派、培植形成"秘书圈"，理想信念丧失，搞迷信活动；违反组织纪律，违规提拔、调整干部，并收受对方钱款；违反廉洁纪律，收受可能影响公正执行公务的礼金、消费卡，退休后违规兼职取酬、经商办企业；违反生活纪律；违反国家法律法规规定，利用职务上的便利，为他人谋取利益，收受他人钱款，涉嫌受贿犯罪。

2017年6月14日，据最高人民检察院网站消息，天津市人民检察院经审查决定，依法对于汝民以涉嫌受贿罪立案侦查，并采取强制措施。

于汝民深耕天津港务系统四十年，担任主要领导职务二十多年。任职期间，他先后将六任秘书安插在天津港和相关部门的关键岗位上。而他的新任秘书，则以前任推荐的方式违规产生，由此形成了一个有裙带关系的"秘书圈"。

●警示意义

十八大以来,中央反复强调要杜绝山头主义。利用自己的领导职权,拉帮结派,安插亲信,"秘书圈"问题应引起高度重视和警觉,于汝民案件提供了最新的审视标本。

●各方观点

新闻评论员于永杰:领导秘书是一个险要的职务。在这个职务上,政治视野与行政能力都能得到极大的提升,日后升迁的几率也相应更大。曾经在秘书岗位工作,后来成为优秀干部的也不在少数。但"秘书帮"同时是一个高危群体。

于汝民安插亲信大搞权钱交易,对天津港的政治生态造成的影响可想而知。而一个政治涣散的机构,出现监管漏洞和以安全换利益的腐败,就是顺理成章的老套故事了。

在位时在不同部门安插秘书,如同栽下乘凉大树,成为退休后违规经商办企业得以荫蔽的政治资源。这样的"秘书帮",更像是领导干部的一块政治自留地,春种一粒粟秋收万担粮,损了公田肥了私仓。

——2017 年 5 月 22 日微信公众号"团结湖参考"

新闻评论员杜才云:"秘书圈"之所以容易涉腐,一方面是相关"权贵型"领导违反政治纪律和政治规矩、拉帮结派、搞裙带关系和小团伙,培植"秘书圈",甚至指使秘书干一些违背党纪党规的事,这错在相关领导;另一方面"秘书圈"内的秘书们也不是"省油的灯",在跟随领导的过程中,脑袋里逐渐形成了"傍权贵理念",只服从领导意志、听从领导安排,甚至将自己委身于某领导,基本不按党纪国法办事,不与党中央保持高度一致,心无敬畏、为所欲为,肆意违反各种规定、践踏组织纪律,为干部群众所深恶痛绝,也是他们必将腐败沦落的内因所在。

——2017 年 5 月 24 日中国网

07 符史文：
边作秀边收钱

入选贪官：海南省文昌市住房和城乡建设局原局长符史文

符史文　　资料图片

●事件回放

据海南省人民检察院第一分院指控，2004年至2015年，符史文利用职务之便，在工程项目上给他人提供帮助，先后收受吴某某等16人共计180.481万元。2017年6月，海南省第一中级人民法院以受贿罪判处符史文有期徒刑五年零六个月，并处罚金60万元。

符史文的贪腐之路长达十年，在当地新闻报道中，符史文总是以非常亲民、务实的形象示人。2011年6月30日，符史文荣获海南省优秀共产党员称号。2014年8月，符史文又荣获海南省抗风救灾先进个人。

2012年12月，符史文来到位于昌洒镇的月亮湾起步区督查重点项目建设情况。在工地上，他不时叮嘱工人既要加快进度，又要保证质量出精品。但事实上，他早已插手该项目，私下里从中分了一杯羹。

●警示意义

从一些近年来落马的贪官来看，一方面他们在政绩上不遗余力，另一方面也将贪腐行为掩藏更深，以至于成为"左手贪现金、右手拿先进"的"双面干部"。他们在公开场合声称为民服务，暗地里却利用权力寻租、大肆捞金。杜绝这种"双面干部"现象，需要进一步扎紧制度篱笆。

● 各方观点

新闻评论员拾月：符史文并非"作秀"干部的第一人，纵观落马官员，不少干部都是"台上一套，台下一套，说一套，做一套"的"政界演员"。全国政协原副主席苏荣曾痛陈"党风廉政建设关系人心向背和党的生死存亡"，自己却做了"权钱交易所所长"；河北省委原书记周本顺台上曾说"'全家腐'必然是'全家哭'"，其自身却成为了反腐的对象……"作秀"干部们都是"实力派"演技的"大咖"，给全国人民上演了一出权力"伪装者"大戏，也让反腐这面"照妖镜"照出了他们信仰的缺失。

"台上的表演"是腐败官员的自欺欺人，权力"伪装者"大戏也终将落幕，只有表里如一，做老实人、办老实事，才是权力的唯一通行证。

——2017年9月6日荆楚网

新闻评论员马当先：出现符史文这种"双面干部"，归根结底仍在于权力缺少监督。杜绝"双面干部"现象，首先要从思想层面筑牢廉政防线，补足精神之"钙"，坚定党员干部理想信念；其次要加大惩处力度，提高违法成本，切实做到以儆效尤；再次要建立健全干部选拔任用和监督管理各项制度；最后，将权力置于组织、群众、法律、舆论的有效监管之下，把权力关进制度的牢笼中。

——2017年9月14日搜狐网

08 周义强:
多退赃款想"两清"

入选贪官:河北省承德市政协原副主席周义强

周义强　**图片来源:河北新闻网**

● 事件回放

周义强,男,汉族,1957年6月生,辽宁锦州人,中共党员。曾任承德市政协副主席、市委统战部部长。

2015年6月1日,河北省人民检察院依法以涉嫌受贿罪对周义强决定逮捕。河北省邢台市中级人民法院审理认定,2007年至2010年,被告人周义强利用其担任承德市双桥区区委书记的职务便利,为多人在项目承揽、职务调整以及人员招录等方面谋取利益,共收受贿赂人民币161.9万元,一审判决周义强犯受贿罪,判处有期徒刑五年,并处罚金人民币40万元;周义强受贿所得人民币161.9万元予以追缴,上缴国库。周义强不服,提出上诉。2017年6月,河北省高级人民法院作出终审裁定,驳回周义强上诉,维持原判。

周义强收受贿赂人民币161.9万元,但由于2013年和2014年被纪委调查过,心虚的周义强于2014年下半年先后将受贿款退还给了行贿人,总退款金额达220万元。对于为何要多退赃款,周义强的解释是:"拿这些不该拿的钱很后悔……是不想沾人家的光,只能多退不能少退,想和人家两清。"

● 警示意义

多退赃款的事情,现实中时有发生,周义强并非第一个。部分贪官试图通过多退赃款,和行贿者撇清关系,以逃避法律惩处。纪检监察机关、司法机关应严格办案,不让他们的企图得逞。

● 各方观点

新闻评论员闯天涯："多退赃款"的贪官是个啥心态呢?退赃并非心甘情愿,而是在纪委介入调查后,迫于压力,由于心虚不得已而采取退赃行为。周义强玩退赃把戏,甚而多退赃款,为的是封住行贿人的口,妄图以此来逃脱党纪国法的惩处。这样的"两清",简直是痴心妄想。

总有那么一些官员心怀侥幸,无视党纪国法,无视反腐高压,无视党和国家反腐决心,妄想着"既当官又发财",把手伸向不义之财。他们因为自己的贪欲,而大搞权力寻租,大肆收受红包礼金。更认为自己收受贿赂方式隐秘,或临近退休,就可以瞒天过海,就可以逃避党纪国法的惩处,但这都不过是痴心妄想罢了。

——2017年11月27日长江网

新闻评论员周丽云：钱退了,"就当咱们之间送钱的事儿没有发生过",这就是周义强退还受贿款的逻辑,为此还多退了近60万元。但钱退了,贪腐的事实却不容抹杀,周义强最终被法院判处有期徒刑五年,并处罚金40万元,受贿的161.9万元也被全部收缴国库。"退钱当没事儿",说明贪腐官员的政治教养"脱了轨"、将贪腐行为等同于商品交换。

列宁曾经指出,"政治上有教养的人,是不会贪污受贿的"。在新时代全面从严治党的语境下,党员干部必须摒弃"退钱当没事儿"的腐朽"官念",下大力气涵养政治教养,守住底线,做一个政治干净、心理干净和"手脚"干净的人,不断拧紧为官从政的"安全阀",才能书写无愧于心的为官经历和人生华章。

——2017年12月4日人民网

09 段培相：
贪官的"另类经济学"

入选贪官：云南省德宏州人民政府原副秘书长段培相

图片来源：《新京报》

● 事件回放

　　2017年9月29日，云南省纪委发布消息：经中共德宏州委批准，中共德宏州纪委对德宏州人民政府原副秘书长、办公室主任段培相严重违纪问题进行了立案审查。经查，段培相严重违反政治纪律和政治规矩，对抗组织审查；违反组织纪律，不报告、不如实报告个人有关事项，私自篡改个人档案资料；违反廉洁纪律，利用职务上的影响，谋取不正当利益，违反规定收受和索要他人财物；违反工作纪律，未经主管领导签批，擅自授意制发公文，向企业出借财政资金；违反生活纪律，与多名女性发生和保持不正当性关系。

　　段培相身为党员领导干部，理想信念丧失，宗旨意识淡漠，生活腐化，严重违反了党的纪律，并涉嫌违法犯罪，且在党的十八大后仍不收敛、不收手，性质恶劣，情节严重，应予严肃处理。依据《中国共产党纪律处分条例》等有关规定，经中共德宏州纪委常委会会议研究，报中共德宏州委常委会会议审议，决定给予段培相开除党籍处分；经德宏州监察局报请德宏州人民政府批准，给予其开除公职处分；将其涉嫌犯罪问题、线索及所涉款物移送司法机关依法处理。

　　段培相精于算计。在当地企业家眼中，是难缠的"吸血鬼"；在同事和下属口中，则是爱占便宜的"吝啬鬼"。他数次找某企业家，要求低价购买其别墅，得手后高价出售获取巨额利润。还曾以做家具为名，直接叫车拉走了某企业家的2吨花梨木。在单位，他则经常向下属借钱，长期不还。他曾在一篇文章中写道，规避人生风险，就要"好好赚钱，夯实经济基础"。在其"另类经济学"的误导下，他精于算计，肆无忌惮，在违纪违法的道路上越走越远。

●警示意义

　　世界上很多现象都可以从经济学的角度分析。正确利用经济学，可以帮助一个人认识世界、认识社会，而一旦不能正确利用经济学，甚至产生"腐败"的"另类经济学"，就可能把人引入歧途。就像段培相，把经济理解成了算计，用在以权谋私上，走向犯罪就是一种必然。

●各方观点

　　新闻评论员肖华：像段培相一样，很多腐败分子走上腐败的道路并不是一时冲动，而是有着很多的算计。有的看到自己为工作付出了很多，得到的却不如别人，就想到用腐败来补偿自己；有的想到自己腐败，不一定会被发现，一旦不被发现，腐败就可以为自己带来丰厚的回报，等等。这样的认识就是所谓的"腐败经济学"。

　　经济学揭示的往往是经济规律，是搞市场经济必须要遵循的。领导干部搞的是政治，应该遵循政治原则和党内政治生活准则。如果混淆了经济与政治的区别，认为权力可以用来交换，金钱可以左右政治，那么权力就必然会被扭曲，政治必然会变味。

——2017 年 11 月 21 日正义网

　　新闻评论员孙云霄："段培相式"官员带来的危害不容小觑。一方面，损害了地方政府的整体形象，不利于政府公信力的树立。作为地方高官，口头说着权力是人民给予的，却未为人民干实事、干真事，假话空话多了，兑现的承诺少了，长此以往，伤了民心、失了民意。另一方面，腐化了干部队伍，助长了不正之风。作为上司、政府干部，本应为下属、商家、百姓做表率，但他却用自己的"另类经济学"思想，忙于"客啬"、忙于算计，做了错误的示范，如果不加以整治，将会不断腐蚀干部队伍，进一步影响干部作风建设。

——2017 年 11 月 17 日搜狐网

2017

中国法治蓝皮书

网络篇

——IT世界的法律界限

2017

中国法治新闻年

01 网络安全法实施：
网络空间治理法治化步入新阶段

2017年6月1日,《中华人民共和国网络安全法》正式施行。 资料图片

●事件回放

《中华人民共和国网络安全法》(以下简称《网络安全法》)在经过全国人大常委会三次审议、两次公开征求意见和修改后,于第十二届全国人民代表大会常务委员会第二十四次会议通过,2017年6月1日正式施行。

《网络安全法》是我国网络安全领域的第一部综合性基础法律。该法共七章七十九条,是一部以网络运行安全为主,提出关键信息基础设施的运行安全,兼顾个人信息保护、网络信息内容管理,以及如何推动、促进网络安全产业发展的综合性、基础性法律。《网络安全法》明确了网络空间主权的原则,明确了网络产品和服务提供者的安全义务和网络运营者的安全义务,进一步完善了个人信息保护规则,建立了关键信息基础设施安全保护制度,确立了关键信息基础设施重要数据跨境传输的规则。

在内容的制定上,《网络安全法》有以下五大亮点:

明确对公民个人信息安全进行保护。任何个人和组织不得窃取或者以其他非法方式获取个人信息,不得非法出售或者非法向他人提供个人信息。

个人信息被冒用有权要求网络运营者删除。个人发现网络运营者违反法律、行政法规的规定或者双方的约定收集、使用其个人信息的,有权要求网络运营者删除其个人信息。网络运营者应当采取措施予以删除或者更正。

个人和组织有权对危害网络安全的行为进行举报。任何个人和组织有权对危害网络安全的行为向网信、电信、公安等部门举报。收到举报的部门应当及时依法作出处理;不属于本部门职责的,应当及时移送有权处理的部门。

网络运营者应当加强对其用户发布的信息的管理。网络运营者发现法律、行政法规禁止发布或者传输的信息的,应当立即停止传输该信息,采取消除等处置措施,防止信息扩散,保存有关记录,并向有关主管部门报告。

未成年人上网有了特殊保护。国家支持研发开发有利于未成年人健康成长的网络产品和服务,依法惩治利用网络从事危害未成年人身心健康的活动,为未成年人提供安全、健康的网络环境。

● 事件影响

《网络安全法》2017年6月1日正式施行,标志着网络空间治理、网络信息传播秩序规范、网络犯罪惩治等方面翻开了崭新的一页,国家网络安全将拥有更为完善的法律基础和保障。

《网络安全法》既对新时期国家网络安全标准化工作提出了更高要求,也为今后相关工作指明了方向,不仅从法律上保障了广大人民群众在网络空间的利益,有效维护了国家网络空间主权和安全,还有利于信息技术的应用,有利于发挥互联网的巨大潜力。

● 各方观点

复旦大学网络空间治理研究中心副主任沈逸:《网络安全法》的出台,顺应了网络空间安全化、法治化的发展趋势,不仅能对国内网络空间治理起到重要作用,也是国际社会应对网络安全威胁努力的重要组成部分,更是中国在迈向网络强国道路上至关重要的阶段性成果。

——2017年9月15日《文汇报》

中国互联网协会研究中心秘书长吴沈括:作为我国网络安全治理领域的基础性立法,《网络安全法》尤其注重在技术要素、组织管理以及在线内容等诸多层面全方位构筑网络空间的规范设计体系。该法律的施行必将极大地促进信息社会的法治文明建设,对人民大众的工作生活样态产生深远的积极影响。

——2017年6月1日光明网

新闻评论员殷泓:《网络安全法》的实施是中国互联网治理朝深度迈进的一个节点和标志。法律的生命力在于实施,网络空间的风清气朗还有赖于这部法律的真正落地,以及配套性法规的及时完善。

——2017年11月16日《光明日报》

02 网购七日无理由退货办法出台：
明确不适用退货商品范围

《网络购买商品七日无理由退货暂行办法》自2017年3月15日起施行。

资料图片

● 事件回放

2017年1月6日，国家工商总局印发的《网络购买商品七日无理由退货暂行办法》（以下简称《暂行办法》），于2017年3月15日正式实施。《暂行办法》明确了不适用退货的商品范围和商品完好标准以及相关退货程序，并作出了明确的处罚细则。

根据《暂行办法》规定，网络商品销售者应当依法履行七日无理由退货义务。网络交易平台提供者应当引导和督促平台上的网络商品销售者履行七日无理由退货义务，进行监督检查，并提供技术保障。

《暂行办法》以特别规定的方式明确，网络商品销售者应当在商品销售必经流程中设置显著的确认程序，供消费者对单次购买行为进行确认。如无确认，网络商品销售者不得拒绝七日无理由退货。

《暂行办法》中还规定，应当采取技术手段或者其他措施，对于不适用七日无理由退货的商品进行明确标注。消费者定作的商品，鲜活易腐的商品，在线下载或者消费者拆封的音像制，计算机软件等数字化商品，交付的报纸、期刊等商品不适用七日无理由退货规定。三类商品经消费者在购买时确认，可以不适用七日无理由退货规定，即拆封后易影响人身安全或者生命健康的商品，或者拆封后易导致商品品质发生改变的商品；一经激活或者试用后价值贬损较大的商品；销售时已明示的临近保质期的商品、有瑕疵的商品。

《暂行办法》规定，网络商品销售者销售不能够完全恢复到初始状态的无理由退货商品，且未通过显著的方式明确标注商品实际情况的,违反其他法律、行政法规的,依照有关法律、行政法规的规定处罚;法律、行政法规未作规定的,予以警告,责令改正,并处一万元以上三万元以下的罚款。网络交易平台提供者拒绝协助工商行政管理部门对涉嫌违法行为采取措施、开展调查的,予以警告,责令改正;拒不改正的,处三万元以下的罚款。

● 事件影响

《暂行办法》细化了消费者权益保护法规定的七日无理由退货制度,采取概括加列举方式,以更贴近网络交易实际,增强实践中的可操作性,为广大消费者提供了网络消费维权依据。同时,《暂行办法》也明确了销售者退款的最终日期,解决了长期以来"退而不还"的尴尬。

● 各方观点

中国国际电子商务中心研究院院长李鸣涛:消费者在网络购物时因无法见到实际商品,设立"七日无理由退货"的制度有利于保障消费者的消费选择权,并且为了维护商家的合理权益,该制度也列举了部分不适用"七日无理由退货"商品范围,因此这项制度的初衷是为了更好地保障消费者权益,同时照顾商家的合理诉求。个别消费者利用这一制度进行恶意消费的行为不应受到这一制度的保护。

——2017年9月11日澎湃新闻

中国消费者协会专家委员会委员邱宝昌:制定这样一个规则,是有积极意义的。七日无理由退货的具体规定让消费者在通过网络购物见不到人、见不到货时也可以放心地消费。同时,《暂行办法》的制定和施行考量了双方的利益,既维护了消费者的合法权益,也保护了商家的正当利益,促进了市场的规范发展。

——2017年3月16日正义网

03 互联网新闻信息服务有新规：
下重拳治理网络乱象

国家互联网信息办公室发布的新版《互联网新闻信息服务管理规定》，已于2017年6月1日起正式施行。　　　**资料图片**

🔴 事件回放

国家互联网信息办公室公布的《互联网新闻信息服务管理规定》(以下简称《规定》)，已于2017年6月1日起施行。《规定》分为六章，共二十九条，明确了互联网信息服务的许可、运行、监督检查、法律责任等，并将各类新媒体纳入管理范畴，还剑指"标题党"、非法网络公关、水军等网络乱象。对互联网新闻信息服务许可管理、网信管理体制、互联网新闻信息服务提供者主体责任等进行了修订：

一是适应信息技术应用发展的实际，对通过互联网站、论坛、博客、微博客、公众账号、网络直播等形式提供互联网新闻信息服务，进行统一规范和管理。二是将许可事项修改为"提供互联网新闻信息服务"，包括互联网新闻信息采编发布服务、转载服务、传播平台服务三类。三是完善了管理体制，根据部门职责调整状况，将主管部门由"国务院新闻办公室"调整为"国家互联网信息办公室"，同时增加了"地方互联网信息办公室"的职责规定。四是强化了互联网新闻信息服务提供者的主体责任，明确了总编辑及从业人员管理、信息安全管理、平台用户管理等要求。五是增加了用户权益保护的内容，规定个人信息保护、禁止互联网新闻信息服务提供者及其从业人员非法牟利、著作权保护等内容。

国家网信办公布的《互联网新闻信息服务新技术新应用安全评估管理规定》(以下简称《安全评估管理规定》)和《互联网新闻信息服务单位内容管理从业人员管理办法》(以下简称《管理办法》)，2017年12月1日落地施行，对互联网新闻信息服务相关从业人员提出要求。

《管理办法》要求，互联网新闻信息服务单位应强化从业人员教育培训和监督管理的主体责任,建立完善从业人员的教育培训和准入、奖惩、考评、退出等制度,按要求做好从业人员信息备案,并对从业人员违法违规行为采取相关管理措施。

《安全评估管理规定》明确,互联网新闻信息服务提供者调整增设新技术新应用,应当建立健全信息安全管理制度和安全可控的技术保障措施,不得发布、传播法律法规禁止的信息内容。同时,规定鼓励支持新技术新应用安全评估相关行业组织和专业机构加强自律,建立健全安全评估服务质量评议和信用、能力公示制度。

● 事件影响

新规的出台使得网信部门在贯彻落实职责、切实负担起管理责任方面,有了更加具体的依据。对于建设一支具备政治大局意识、明确法律法规底线、坚持职业伦理、掌握专业能力的互联网新闻信息服务从业人员队伍,健康我国互联网新闻信息服务生态,将发挥重要作用,产生积极影响。

新规的出台给互联网新闻信息服务,尤其是涉及新技术、新应用在新闻信息服务领域上了一道"安全阀",对于提供新闻信息服务的互联网企业落实平台责任,完善信息安全制度,对于互联网新闻信息服务的进一步规范化、法制化以及避免新技术、新应用对社会产生负面影响,避免对用户造成不应有的伤害等方面,都会起到正面和积极的作用。

● 各方观点

中国社科院法学研究所研究员支振锋:随着互联网信息内容管理方面法律法规和制度的不断健全,尤其是随着《互联网新闻信息服务单位内容管理从业人员管理办法》的出台,我国互联网信息内容管理将进入一个更加规范、更加有规可依的新阶段。在更好保障互联网信息传播秩序的同时,实现网络空间的风清气正,让互联网更好地造福国家和人民。

——2017年10月30日中国网信网

中国传媒大学政治与法律学院教授王四新:互联网信息服务是联结社会各阶层的纽带,是社会发展方向、发展态势的晴雨表。加强互联网信息内容安全管理,促进互联网信息服务生态健康有序发展,对于建构积极向上的网络文化新生态,对于中国互联网产业和各项事业的平稳发展,都具有巨大的推动作用。健康有序的新闻信息服务有助于维护国家安全和社会稳定,有助于广大的互联网用户更好地安排自己的生活,与广大人民群众使用互联网的幸福感、获得感息息相关。

——2017年11月1日光明网

04 首例刷单平台非法经营案宣判：对网络虚假交易"亮剑"

2017年6月20日，全国首例刷单平台非法经营案在浙江省杭州市余杭区法院公开宣判。

图片来源：央视新闻截图

● 事件回放

2017年6月20日，国内首例刷单平台非法经营案在浙江省杭州市余杭区法院当庭宣判。被告人李汉宇因犯非法经营罪被法院判处有期徒刑五年零六个月，连同此前因侵犯公民个人信息罪被判处有期徒刑九个月，数罪并罚，决定执行有期徒刑五年零九个月。

2013年2月，江苏人李汉宇创建"零距网商联盟"网站，并利用语音聊天工具建立刷单炒信平台，吸纳会员参与刷单炒信。据介绍，这些会员为淘宝卖家注册账户，他们通过平台发布或接受任务，相互刷单炒信。案发时，平台有会员近1500名。法院经审理查明，在不到一年半的时间里，李汉宇通过"零距网商联盟"网站和利用YY语音工具，组织进行淘宝刷单业务，创收近90余万元。

目前，刷单炒信呈现多样化、隐蔽性强等特点，个别刷手规避后台监控提供直接服务，通过自买自卖提高销量。这不仅严重损害消费者利益，也侵犯了诚实守法的经营者利益。这种"劣币驱逐良币"的现象，导致很多企业不堪亏损，退出电商平台。

余杭区法院认为，李汉宇违反国家规定，以营利为目的，明知是虚假的信息仍通过网络有偿提供发布信息等服务，扰乱市场秩序，且情节特别严重。主审法官在接受采访时表示，网购环境需要净化，互相刷信的行为不仅影响消费者购买时的判断，也容易带来交易风险。如果不建立一个正常的网络交易秩序，不仅对消费者个人，甚至对整个网络经济的发展都会有影响。

● 事件影响

随着中国网购行业快速发展,刷单炒信等违法行为的案例也逐渐增多。过去打击刷单行为主要依靠工商部门作出的行政处罚,但罚款上限仅有20万元。李汉宇非法经营案作为刷单平台非法经营被刑事追诉的首案,将极大地增强对刷单炒信等违法行为的震慑,进一步净化网络交易环境,彰显了经营秩序的刑事保护。

● 各方观点

海南师范大学法学院副教授周兆进: 刷单平台大行其道,在讨论刑罚适用的同时,网络交易中的行政监管更应引起重视。一般而言,刑事处罚的适用是不得已而为之,对市场的有效监管和治理仅依赖刑事处罚也是远远不够的。应该将市场监管的重点放在行政执法上,特别是在电子交易时代,行政机关的手段要跟得上,其监管的范围、手段相较于司法机关,应具有更大的灵活性。

——2017年6月21日《检察日报》

中国人民大学商法研究所所长刘俊海: 一些商户将刷单作为核心盈利模式,严重危害了市场管理秩序,侵害了消费者的选择权和知情权,也侵害了企业的公平竞争权。处罚升级的转变体现了法律对违法行为零容忍态度,也实现了三升三降,即提高了违法成本和犯罪成本,降低违法收益甚至归零;提升维权收益降低维权成本,确保维权收益高于维权成本;提升守信收益降低失信成本,确保守信收益高于守信成本。

——2017年6月21日《北京商报》

中国电子商务研究中心主任曹磊: 可以通过督促电商平台进一步完善平台规则中的信用评价机制和商品排名规则入手,打击刷单炒信行为。同时,可以将电商的征税体系与电商平台后台交易数据进行对接。

——2017年7月19日《人民日报》海外版

05 "两高"明确定罪量刑标准：
网络云盘涉淫秽信息依法可追刑责

最高人民法院、最高人民检察院《关于利用网络云盘制作、复制、贩卖、传播淫秽电子信息牟利行为定罪量刑问题的批复》于2017年12月1日起施行。

资料图片

●事件回放

2017年11月22日，最高人民法院、最高人民检察院联合发布《关于利用网络云盘制作、复制、贩卖、传播淫秽电子信息牟利行为定罪量刑问题的批复》（以下简称《批复》），并于2017年12月1日起施行。《批复》明确了利用网络云盘传播淫秽电子信息牟利行为的定罪量刑。

《批复》明确，对于以牟利为目的，利用网络云盘制作、复制、贩卖、传播淫秽电子信息的行为，是否应当追究刑事责任，适用刑法和《最高人民法院、最高人民检察院关于办理利用互联网、移动通讯终端、声讯台制作、复制、出版、贩卖、传播淫秽电子信息刑事案件具体应用法律若干问题的解释》《最高人民法院、最高人民检察院关于办理利用互联网、移动通讯终端、声讯台制作、复制、出版、贩卖、传播淫秽电子信息刑事案件具体应用法律若干问题的解释（二）》的有关规定。

根据司法解释，以牟利为目的，利用互联网、移动通讯终端制作、复制、出版、贩卖、传播内容含有不满十四周岁未成年人的淫秽电子信息，具有下列情形之一的，依照刑法第三百六十三条第一款的规定，以制作、复制、出版、贩卖、传播淫秽物品牟利罪定罪处罚：

制作、复制、出版、贩卖、传播淫秽电影、表演、动画等视频文件十个以上的；制作、复制、出版、贩卖、传播淫秽音频文件五十个以上的；制作、复制、出版、贩卖、传播淫秽电子刊物、图片、文章等一百件以上的；制作、复制、出版、贩卖、传播的淫秽电子信息，实际被点击数达到五千次以上的；以会员制方式出版、贩卖、传播淫秽电子信息，注册会员达一百人以上的；利用淫秽电子信息收取广告费、会员注册费或者其他费用,违法所得五千元以上的,等等。对于以牟利为目的,实施制作、复制、出版、贩卖、传播淫秽电子信息犯罪的,人民法院应当综合考虑犯罪的违法所得、社会危害性等情节,依法判处罚金或者没收财产。罚金数额一般在违法所得的一倍以上五倍以下。

● 事件影响

　　随着互联网的不断发展,网络云盘的隐秘性、大容量等特点得到越来越多网友的喜爱,而不法分子也趁机利用网络云盘的特点,将其作为淫秽电子信息的存储空间,并会把账号密码、链接或者下载码通过微信、QQ等社交网络平台予以大量出售并牟利。通过网络云盘制作、复制、出版、贩卖、传播淫秽电子信息的行为,在一段时间内,因为缺乏相关对应的法律条文具体适用,使得司法机关适用法律、解释法律时陷入困境。

　　此次"两高"及时作出批复,对利用网络云盘"涉黄"牟利行为的定罪提供了具体依据,同时也体现了罪责刑相适应的原则,符合量刑的均衡化、个别化和规范化的要求。

● 各方观点

　　中国政法大学教授洪道德:《批复》明确了利用网络云盘制作、复制、贩卖、传播淫秽电子信息牟利行为的定罪量刑,属于刑法规定的"制作、复制、出版、贩卖、传播淫秽物品牟利罪"概念的范围。之前,对这一问题有不同的理解和争论,《批复》定论之后,明确了这一行为同样要受到刑法的规范。

——2017年11月23日《新京报》

　　中国互联网协会信用评价中心法律顾问赵占领:量刑的标准更加多元化,并不是说会降低对于利用云盘从事这种犯罪行为打击力度。实际上,只要是用云盘从事的这种违法犯罪行为并且情节严重的话,同样可以适用最高的刑法量刑标准,即十年以上有期徒刑甚至达到无期徒刑。

——2017年11月30日中国之声

06 整治直播行业乱象：30家网络表演平台被查处

文化部对50家主要网络表演经营单位进行"全身体检"式集中执法检查，部署北京、上海、广东、浙江等地文化市场综合执法机构，依法查处虎牙直播、YY直播、龙珠直播、火猫直播、秒拍等30家内容违规的网络表演平台。　　　　　　　**资料图片**

● 事件回放

2017年5月24日，在文化部举行的严查严管网络表演市场新闻发布会上，文化部文化市场司司长吴江波表示，文化部将启动网络表演"双随机一公开"执法检查，组织执法人员对抽中的50家网络表演经营单位进行"全面体检"，发现违法违规经营行为的，依法依规查处。对于集中执法检查过程中发现的违规表演者，将依法列入行业黑名单，实施联合惩戒。

截至6月29日，在此次集中执法检查中，文化部部署北京、上海、广东、浙江等地文化市场综合执法机构，依法查处虎牙直播、YY直播、龙珠直播、火猫直播、秒拍等30家内容违规的网络表演平台。同时，针对手机表演平台内容违规行为多发的问题，文化部部署开展手机表演平台专项排查，共排查手机直播应用10562款。在专项排查的基础上，部署全国29个省（区、市）文化市场综合执法机构开展查处工作，处罚"天使社区""映客"等20家手机表演平台，立案调查"楠楠""热门""妙妙"等23家手机表演平台，关停"悟空TV"等11家手机表演平台。

在此基础上，文化部部署主要网络表演经营单位开展专项清理，共关闭直播间11929间，整改直播间18977间，处理表演者31347人次，解约表演者9721人。

文化部文化市场司相关负责人介绍，为进一步加强网络表演市场内容监管，继续形成和保持高压态势，文化部将继续开展网络表演"回头看"集中执法检查，对100家主要网络表演平台进行"回头看"随机抽查，重点整治网络"三俗"，严查含有禁止内容的网络表演。

● 事件影响

　　截至2016年底，网络直播用户规模已达3.44亿。为了吸引眼球，部分直播内容涉及色情、淫秽、低俗等，且屡次出现，影响到市场的良性发展。随着整个直播行业发展日趋成熟，监管已经逐渐就位，监管部门对于直播行业的清查和管理更是加快了步伐。在此次的通报中，文化部表示要"继续形成和保持高压态势"，"开展网络表演'回头看'集中执法检查"，未来，文化部对于直播平台的监管和查处可能会变成一种常态。

● 各方观点

　　中国政法大学知识产权研究中心特约研究员赵占领：身份审核能否落实，关键取决于平台把关是否严格，尤其是不少涉黄直播往往采取更换马甲等多种方式规避监管。对于有意谎报者，甄别难度依然很大。另外，即便在某一平台被封号，涉黄主播也可能更换平台继续色情直播。

——2017年6月8日《法制日报》

　　北京师范大学法学院教授、亚太网络法律研究中心主任刘德良：要想从根本上改变直播行业的乱象，应从法律层面加大平台的监管责任，令其承担事先审查的责任和义务。如此一来会激发起平台的积极性和主动性，促使他们在审核主播资质、投入开发最新监控技术手段时更为认真和严谨，避免"作秀式监管"。由于直播具有实时性，靠平台单方面监管并不能有效制止主播的违规表演，可以考虑建立有奖举报机制，加大举报力度，提高观众举报的积极性。

——2017年5月30日《法治周末》

07 规范互联网募捐信息平台：
网络求助不属于慈善募捐

网络求助不属于慈善募捐

民政部出台互联网募捐信息平台两项行业标准。　**图片来源：光明网**

●事件回放

2017年7月30日，民政部公布《慈善组织互联网公开募捐信息平台基本技术规范》《慈善组织互联网公开募捐信息平台基本管理规范》两项推荐性行业标准，对募捐主体、募捐信息、网络安全管理、社会监督、评价退出机制等作出明确规定，并于2017年8月1日起实施。

根据两项行业标准，在平台上进行募捐的主体应是获得公开募捐资格的慈善组织，其他组织、个人包括平台本身没有公开募捐资格。平台不应为不具有公开募捐资格的组织、个人提供公开募捐信息发布服务。

公开募捐信息不应与商业筹款、网络互助、个人求助等其他信息混杂。平台应明确告知用户及社会公众，个人求助、网络互助不属于慈善募捐，真实性由信息提供方负责。个人为解决自己或者家庭困难，提出发布求助信息时，平台应有序引导个人与具有公开募捐资格的慈善组织对接，并加强审查甄别、设置救助上限、强化信息公开和使用反馈，做好风险防范提示和责任追溯。

两项行业标准还要求，平台应平等、公正地对待公开募捐活动，建立统一、公平的信息发布机制。平台应对公开募捐信息进行合理排序和展示，并提供公平公正服务，不应有竞价排名行为。平台应履行信息公开义务，至少每半年向社会公告一次平台运营情况。

此外，标准提出平台应自觉接受动态管理、行业自律和社会监督。标准对平台的评价、监督、退出也作出了明确规定。

● 事件影响

互联网众筹平台的行为越来越活跃,过去网络募捐太乱,问题较多,造成很大的社会矛盾,危害社会公信力。面对不断推陈出新的"互联网+公益慈善"创新,把标准化理念和方法融入互联网募捐信息平台管理,是我国公益慈善事业向标准化方向迈进的有益举措,是加强和创新社会治理、构筑社会治理新模式的重要实践。两项规定的出台,起到加强监管的作用。

今后,民政部将运用这两项行业标准指导和规范互联网募捐信息平台的管理和运营,推动标准的共同使用与反复使用,并将顺应互联网治理的时代创新,不断完善标准条款,条件成熟时,将向国家标准委申报转化为国家标准。

● 各方观点

新闻评论员张连洲:随着互联网快速发展,网络募捐成为民间公益慈善的新平台。网络募捐门槛低、传播快、影响大、互动强、效率高,可以让募捐者在最短时间内得到救助。然而,相关负面新闻频现媒体,让网络募捐受到不少非议。如今,民政部出台行业标准规范网络募捐平台,明确"不得发布个人募捐",是及时纠偏。

——2017年8月4日《湖南日报》

中国社会科学院社会政策研究中心副主任杨团:中国人的传统是公与私的界限划分不够鲜明。很多不法分子进行诈捐和骗捐利用的正是中国人"私"连带而成为"公"的传统伦理观。两项行业标准将"个人求助、网络互助不属于慈善募捐"进行明确划分,是中国在市场经济条件之下的必要和必须之举。民政部此次出台新规明确公域和私域的界限,厘清公益和私益的分别,应该说是为进一步规范和维护市场秩序起到良好作用。

——2017年8月18日《法制日报》

08 两周内四部新规出台：
加快规范互联网信息脚步

国家互联网信息办公室印发《互联网论坛社区服务管理规定》与《互
联网群组信息服务管理规定》，规范论坛社区和群组信息服务管理。
图片来源：《贵州日报》

🔴 事件回放

自网络安全法 2017 年 6 月 1 日实施以来，国家互联网信息办公室对互联网信息的规范也加快了脚步。从 2017 年 8 月 25 日至 9 月 7 日，共出台了四部管理规定，分别针对互联网群组、公众账号、论坛社区和跟帖评论。

2017 年 9 月 7 日，网信办出台两部管理办法。一部是《互联网群组信息服务管理规定》。随着社交网络的兴起，微信群、QQ群、微博群、贴吧群、陌陌群、支付宝群聊等各类互联网群组成为人们沟通信息、进行网络社交的一个重要空间。同时，一些不良信息通过互联网群组传播。

网信办称，一些平台落实主体管理责任不力，部分群组管理者职责缺失，造成淫秽色情、暴力恐怖、谣言诈骗、传销赌博等违法违规信息通过群组传播扩散，一些不法分子还通过群组实施违法犯罪活动。

当日出台的另一部管理规定——《互联网用户公众账号信息服务管理规定》，则对近年来兴起的"自媒体"进行了规范，其规范范围包括在各类社交网站和客户端开设的用户公众账号，如腾讯微信公众号、新浪微博账号；百度的百家号、网易的网易号，今日头条的头条号、腾讯的企鹅号、一点资讯的一点号等；花椒、映客等直播平台和视频平台的公众账号；知乎、分答等互动平台的公众账号等。同样，公众账号也存在传播违法违规信息的现象。

在 2017 年 8 月 25 日，网信办也出台了两部规定——《互联网论坛社区服务管理规定》和《互联网跟帖评论服务管理规定》，分别对互联网论坛社区服务、跟帖评论进行了规范。今后，用户需要实名认证才能使用论坛社区和发布网络跟帖。

总体而言,网信办要求平台落实平台方的管理主体责任,明确平台和用户的权利义务,提出使用者信用等级管理、黑名单制等具体措施;同时要求平台方对使用者进行实名认证。

网信办在解读管理规定时提出了互联网多元治理。例如,在解读《互联网用户公众账号信息服务管理规定》时,网信办称,鼓励互联网行业组织建立政府、企业、专家及用户等多方参与的权威专业调解机制,发挥互联网多元治理主体作用,公平合理协商解决行业纠纷。

● 事件影响

近年来,互联网论坛社区中道听途说、恶意编造的不实信息甚或谣言,蛊惑人心的网络黄赌毒等有害信息大肆传播,以及披着"互联网新经济"外衣的网络传销等违法网络群组无不肆意濡染和戕害着社会公共秩序和公共安全利益。

四部管理规定的出台,正是在我国持续推动网络强国战略和依法治网大背景下,契合了当前中国互联网社会发展的最大政治和最广泛的民众切身利益诉求,为新媒体参与的社会化传播和网民依法文明有序参与圈层化信息交流和流通,加装了一道信息净化的"滤膜"和安全防护的"纱窗"。

● 各方观点

北京邮电大学互联网治理与法律研究中心常务副主任谢永江:推行网络实名制有其实际意义。第一,有助于提高网民责任感,促进网民自律。第二,有助于维护网络安全,净化网络环境。第三,有利于降低追责成本。其实,"后台实名、前台自愿"的实名制不会影响人们在网络上的匿名发言,真正面临挑战的主要是网络运营者,它们负有切实保护实名制下的个人信息数据的重大责任。

——2017年9月11日人民网

中国传媒大学媒介与公共事务研究院高级研究员侯锷:社会公众通过网络论坛、自媒体公众平台以及网络群组交流等途径,进行日常生活、社会见闻及公共事务的交流,充分体现了宪法法律所保障的公民知情权、表达权、参与权和监督权。但是,公开的网络传播参与空间更是最接近公共领域的话语形式,不同于公民完全私密性质的通信自由和通信秘密。这就要求在平台创建者、群组发起者、传播者在行使权力的同时,必须权责对应,担当账号及群组运营安全防护、信息审核和网络社群组织管理等责任。

——2017年9月8日未来网

09 《互联网域名管理办法》实施：域名须实名注册

工信部发布的《互联网域名管理办法》2017年11月1日开始实施。

资料图片

● 事件回放

2017年11月1日，工信部发布的《互联网域名管理办法》（以下简称《办法》）开始实施，2004年11月5日公布的《中国互联网络域名管理办法》同时废止。《办法》修订内容主要包括：明确部和省级通信管理局的职责分工；完善域名服务许可制度；规范域名注册服务活动；完善域名注册信息登记和个人信息保护制度；加强事中事后监管。

《办法》规定，域名注册服务机构应当要求域名注册申请者提供域名持有者真实、准确、完整的身份信息等域名注册信息，并对域名注册信息的真实性、完整性进行核验。域名注册信息发生变更的，应当在30日内办理变更手续。《办法》坚持域名注册信息登记和保护并重，要求域名注册管理机构、注册服务机构依法存储、保护用户个人信息，未经用户同意不得将用户个人信息提供给他人。

《办法》明确指出中文域名是中国互联网域名体系的重要组成部分。国家鼓励和支持中文域名系统的技术研究和推广应用。

《办法》指出，域名注册管理机构应当通过电信管理机构许可的域名注册服务机构开展域名注册服务；域名注册服务机构应当按照电信管理机构许可的域名注册服务项目提供服务，不得为未经电信管理机构许可的域名注册管理机构提供域名注册服务。

《办法》明确，从事域名服务的机构应当接受、配合电信管理机构的监督检查，定期报送业务开展情况、安全运行情况等信息；电信管理机构应当对其执行法律法规和电信管理机构有关规定的情况进行检查;从事域名服务的机构违反本办法并受到行政处罚的行为将被记入信用档案。

《办法》还完善了违法从事域名服务的法律责任,明确了域名注册管理机构、注册服务机构违法开展域名注册服务、未对域名注册信息的真实性进行核验、为违法网络服务提供域名跳转等违法行为的处罚措施。

● 事件影响

《互联网域名管理办法》对相应条款作了明确及深化,符合我国互联网发展现状的同时也充分考虑到后续发展空间。该办法对域名注册管理机构的审批条件规定得更加具体、明确,不仅具有较强的可操作性,从加强域名行业管理的角度来看也更加科学合理。新的域名管理办法将对中国域名市场深化发展起到积极作用,国内专业服务厂商在明确的管理政策指导下将继续扩大领先优势。

● 各方观点

吉林日报社总编辑陈耀辉:对互联网域名服务活动进行管理是行使国家网络主权的具体体现、客观要求,一定要以新办法管制新业态,形成社会共享、共用、共管、共治的机制,探索设立使用者维权、投诉第三方平台,最大限度发挥域名对互联网发展的牵引效能,让中文域名成为互联网上的中国文化标签。

——2017年8月9日《光明日报》

国家信息化专家咨询委员会巡视员兼副秘书长单立坡:作为长期享有最灿烂、最悠久的语言文字,中文理所应当地在全球的互联网上获得与我们的历史,与我们目前的经济地位,与我们国际地位相一致的全球互联网域名地位,所以说推动中文域名上网具有非常重要的意义。中文域名符合中文网民使用的习惯,语言覆盖范围广,同时优秀的文化资源丰富,发展前景非常巨大。

——2017年9月4日中国网

10 七大网站关闭60个违规追星账号：营造清朗网络空间

微博、今日头条、腾讯等网站依据相关法律法规、网站内容管理规定及用户协议关闭了"风行工作室官微""全明星探"等一批违规账号。　　　　　　　　　　　　　　　　　资料图片

● 事件回放

2017年6月7日,北京市网信办依法约谈微博、今日头条、腾讯、一点资讯、优酷、网易、百度等网站,责令网站切实履行主体责任,加强用户账号管理,采取有效措施遏制渲染演艺明星绯闻隐私、炒作明星炫富享乐、低俗媚俗之风等问题。随后,相关网站关闭了"全明星探""中国第一狗仔卓伟""名侦探赵五儿"等一批违规账号。

北京市网信办指出,2017年6月1日实施的《中华人民共和国网络安全法》规定:任何个人和组织不得利用网络从事侵害他人名誉、隐私、知识产权和其他合法权益等活动,网络运营者应当加强对其用户发布的信息的管理,发现法律、行政法规禁止发布或者传输的信息的,应当立即停止传输该信息,采取消除等处置措施,防止信息扩散,保存有关记录,并向有关主管部门报告。

被关闭的账号中,部分在中国娱乐圈占据了一定位置,经常在网上爆出一些关于当红明星的"猛料",受到不少关注。其中,"中国第一狗仔卓伟"的粉丝量达711万,"全明星探"的粉丝量为226万。

北京市网信办督促相关网站,依据《互联网新闻信息服务管理规定》的相关规定,切实履行主体责任,加强平台账号管理,遏制追星炒作低俗之风,营造清朗网络空间。

● 事件影响

近年来,作为娱乐产业中至关重要的一个环节,娱乐资讯已经成为网络信息传播中的"大户",层出不穷的娱乐信息成为人们茶余饭后讨论的热点话题。然而,一些人为了博眼球、谋取自身利益,无底线地播报明星的绯闻隐私、炒作明星炫富享乐,让正常的娱乐新闻报道变了味儿,长此以往,定会玷污网络环境、危害网络安全,产生不良舆论导向。

关停违规追星网站,不仅净化网络,也可以说是维护网络安全的重要保障。关闭违规追星账号,让传播低俗内容的平台无立足之地,顺应民心民意,顺应互联网安全环境建设的潮流。这也警示后来者,无论是为名为利,还是平台彼此间的恶性竞争,更或明星间的彼此诋毁等等,千万别动歪脑筋。娱乐资讯乃至整个娱乐产业只有拒绝藏污纳垢,才会实现健康发展。

● 各方观点

新闻评论员君然:娱乐圈八卦热闹,明星私生活在媒体放大镜下,爆料人似乎也成为名人。如此高投入地耗费在传播八卦上,公共媒体的社会责任感和引导作用被置于何处?被八卦"喂养"长大的一代,能否健康认识当下的文化空间?对隐私八卦,更多媒体应给予正确引导,而不应该为其提供平台、任其卖丑。

——2017年5月18日《人民日报》

新闻评论员史洪举:互联网不该沦为藏污纳垢、群魔乱舞、八卦消息满天飞的法外之地。相关部门理当综合运用多种监管措施,如严格执行网络实名制并构建黑名单系统,防止被关闭违规账号换个马甲后死灰复燃;还要没收这些违规账号的非法所得,不能让其从非法行为中获利。只有这样,才能营造健康有序的互联网环境,让人们享受互联网发展红利的同时,不被恶俗、低俗乃至违法的网络信息所困扰。

——2017年6月9日《法制日报》

11 首例电商平台打假案落槌：
打击网络售假行为

作为全国首例公开宣判的电商平台诉售假网店案，对于今后打击网络售假行为有着积极意义。　　　　　　**资料图片**

●事件回放

2017年7月20日，上海市奉贤区法院对淘宝起诉姚某售假店铺案进行一审公开宣判。法院认定，被告姚某的售假行为对淘宝商誉造成损害，要求被告向淘宝赔偿人民币12万元。该案为全国首例公开宣判的电商平台起诉售假网店案。

2015年起，姚某开始在淘宝上出售宠物食品。2016年5月，淘宝与玛氏联合发现其销售的"Royalcanin"猫粮存在假货嫌疑，淘宝在该店铺匿名买了一袋价格为99元的猫粮。经猫粮品牌方鉴定，确认为掺假的品牌猫粮。

2016年10月12日，姚某被警方抓获。随后，淘宝以"违背不得售假约定、侵犯平台商誉"为由将姚某告上法庭，索赔265万元。据淘宝网介绍，这一赔偿金额由淘宝网计算得出，是以被告会员人数乘以网络平台每位活跃用户的年度贡献为184元（*依据阿里巴巴集团2017财年第三季度财报数据*）。

法院审理后认为，被告姚某以掺假的方式持续在淘宝网上出售假货，其行为不仅损害了与商品相关权利人的合法权益，而且降低了消费者对淘宝网的信赖和社会公众对淘宝网的良好评价，对淘宝网的商誉造成了损害，故被告应予以赔偿。

关于赔偿金额，法院认为，淘宝网提供的计算损失的方式与本案无直接关联，且姚某无法预见到上述损失，故不予采信。鉴于姚某售假的行为对淘宝网的商誉造成了损害，法院综合考虑姚某经营时间、商品价格和利润等因素，判令姚某赔偿淘宝网12万元，其中，10万元是赔偿淘宝网损失,2万元是赔偿淘宝网合理支出。

庭审时,淘宝网还主张被告在媒体刊登声明、消除影响。法院认为,淘宝网以服务合同为基础法律关系提起诉讼,双方合同并未约定造成的商誉损害需要承担在媒体上发表声明以消除影响的责任,这一请求无合同和法律依据,故不予支持。

阿里巴巴集团平台治理部相关负责人表示,接受法院判决,不进行上诉。

● 事件影响

从"刷单入刑第一案"到"全国首例电商平台起诉商家售假胜诉案",依法治理电商乱象正在形成良好态势。虽然12万元的赔偿有些微不足道,但其背后所指向的标本价值依然重大,这向社会释放了信号:商家造假不仅会严重损害消费者权益,也会给平台商誉等带来重大损失,需要付出相应的法律代价。该案的判决将对此类违法行为形成震慑,在动员社会共治、维护公平竞争、改善消费环境上起到积极作用。

● 各方观点

北京市法学会电子商务法治研究会会长邱保昌:作为电商平台,淘宝网拿起法律武器"打假",既是对自身的保护,也有利于维护消费者权益。

——2017年7月25日新华社

*新闻评论员刘勋:*首例网购平台打假案警示所有违法经营者,在互联网法治建设日趋完善的大势下,妄图希望借助互联网的隐蔽性、异地性等特征非法牟利,已经日渐不合时宜。互联网法院的建立以及相关监管制度的健全,都不允许网络交易平台继续成为坑蒙拐骗之地。互联网消费维权的成本逐渐降低,行政监管的力度逐步加强,只有合法经营、真诚服务的平台、商家才能在互联网市场中生存发展。

——2017年7月27日《法制日报》

*新闻评论员何勇海:*打假不能仅靠电商,消费者苦假货久矣,不管哪个电商平台都有责任清扫假货,用网络技术、法律手段惩治各自平台内的售假店铺。

——2017年7月25日《经济参考报》

2017

中国法治和法律实施年度

公益诉讼篇

——让损害公益者付出代价

2017

中国法治十大影响

01 人大立法：正式确立检察机关提起公益诉讼制度

2017年6月27日，十二届全国人大常委会第二十八次会议表决通过修改民事诉讼法和行政诉讼法的决定。

图片来源：中国人大网

🔴 事件回放

2017年5月23日，中央全面深化改革领导小组第三十五次会议审议通过了《关于检察机关提起公益诉讼试点情况和下一步工作建议的报告》。会议指出，经全国人大常委会授权，最高人民检察院从2015年7月起在北京等13个省区市开展为期两年的提起公益诉讼试点，在生态环境和资源保护、食品药品安全、国有资产保护、国有土地使用权出让等领域，办理了一大批公益诉讼案件，积累了丰富的案件样本，制度设计得到充分检验，正式建立检察机关提起公益诉讼制度的时机已经成熟。要在总结试点工作的基础上，为检察机关提起公益诉讼提供法律保障。

2017年6月27日，十二届全国人大常委会第二十八次会议表决通过《全国人民代表大会常务委员会关于修改〈中华人民共和国民事诉讼法〉和〈中华人民共和国行政诉讼法〉的决定》，检察机关提起公益诉讼明确写入这两部法律。这标志着我国以立法形式正式确立了检察机关提起公益诉讼制度。会议通过的《中华人民共和国民事诉讼法修正案》《中华人民共和国行政诉讼法修正案》分别规定，民事诉讼法第五十五条增加一款，作为第二款："人民检察院在履行职责中发现破坏生态环境和资源保护、食品药品安全领域侵害众多消费者合法权益等损害社会公共利益的行为，在没有前款规定的机关和组织或者前款规定的机关和组织不提起诉讼的情况下，可以向人民法院提起诉讼。前款规定的机关或者组织提起诉讼的，人民检察院可以支持起诉。"对行政诉讼法第二十五条增加一款,作为第四款:"人民检察院在履行职责中发现生态环境和资源保护、食品药品安全、国有财产保护、国有土地使用权出让等领域负有监督管理职责的行政机关违法行使职权或者不作为,致使国家利益或者社会公共利益受到侵害的,应当向行政机关提出检察建议,督促其依法履行职责。行政机关不依法履行职责的,人民检察院依法向人民法院提起诉讼。"

● 事件影响

2015年7月,全国人大常委会授权最高检在部分地区开展公益诉讼试点工作。两年来,试点地区检察机关始终把保护国家利益和社会公共利益作为着眼点,牢牢抓住公益这个核心,办理了大量公益诉讼案件,有效促进了依法行政、严格执法,调动了法律规定的机关和组织参与公益保护的积极性,达到了预期目的,获得了各方面的肯定。

2017年6月,十二届全国人大常委会第二十八次会议通过关于修改民事诉讼法和行政诉讼法的决定,检察机关提起公益诉讼写入这两部法律。赋予检察机关提起民事公益诉讼、行政公益诉讼职责,是我国诉讼制度的一项重大创新与发展。作为国家法律监督机关,检察机关提起公益诉讼有了明确法律依据,这是党和国家全面依法治国的一项重大决策,对于全面依法治国特别是强化公益保护、促进依法行政、完善中国特色社会主义司法制度具有重大意义。

● 各方观点

全国人大常委会委员陈喜庆:这两个修正案第一次在法律层面确定了检察机关提起行政公益诉讼和民事公益诉讼的地位,对保护国家利益、社会公共利益和对行政机关的监督都具有重要的意义。

——2017年6月24日《检察日报》

全国政协委员、中国人民大学法学院教授汤维建:检察机关提起公益诉讼作为一项制度,在我国极其必要:通过该项制度,不仅能够有力地保障国家利益和社会公共利益,消弭"公地悲剧"的存在,也有利于维护广大人民群众的根本利益,改善人民群众的生存环境和生态环境,同时还能有力地制约和监督行政机关依法行政,保障和促使其最大限度地依法公平公正行使行政权,防止国家利益和社会公益受损,具有重大的法治价值和现实意义。

——2017年6月26日《检察日报》

02 办理案件7886件：
公益诉讼试点两年成效显著

资料图片

● 事件回放

　　2017年6月22日，最高人民检察院检察长曹建明在十二届全国人大常委会第二十八次会议上作关于《中华人民共和国行政诉讼法修正案（草案）》和《中华人民共和国民事诉讼法修正案（草案）》的说明时说，自2015年7月全国人大常委会授权最高检在13个省区市开展为期两年的检察机关提起公益诉讼试点以来，截至2017年5月，各试点地区检察机关共办理公益诉讼案件7886件，其中诉前程序案件6952件、提起诉讼案件934件。试点地区检察机关针对不同案件的特点，探索运用支持起诉、督促起诉、诉前建议、提起诉讼等多种手段，共办理生态环境和资源保护领域案件5579件、食品药品安全领域案件62件、国有资产保护领域案件1387件、国有土地使用权出让领域案件858件，覆盖所有授权领域。诉前程序案件中，行政机关主动纠正违法4358件，相关社会组织提起诉讼34件。提起诉讼案件中，法院判决结案222件，全部支持检察机关的诉讼请求。

　　试点地区检察机关牢牢抓住公益这个核心，重点办理造成国家和社会公共利益受到侵害的案件。一是突出对生态环境和资源领域的保护。开展土壤污染防治、水资源保护、森林和草原生态环境保护等专项监督活动，督促恢复被污染、破坏的耕地、林地、湿地、草原12.8万公顷，督促治理恢复被污染水源面积180余平方公里，督促1400余家违法企业进行整改。二是突出对民生的保护。在生活垃圾处理、饮用水安全、食品药品监管等民生领域办理了一批案件,推动解决了一批舆论高度关注、人民群众反映强烈的"老大难"问题。三是突出对国有资产的保护。试点地区检察机关通过公益诉讼,为国家挽回直接经济损失65亿余元,其中督促收回国有土地出让金54亿余元、人防易地建设费1.26亿余元,督促违法企业或个人赔偿损失2亿余元。

● 事件影响

最高检自2015年7月起,在13个省区市开展为期两年的检察机关提起公益诉讼试点。试点地区检察机关把保护国家利益和社会公共利益作为检察机关提起公益诉讼制度的着眼点,突出对生态环境和资源领域的保护、突出对民生的保护、突出对国有资产的保护。检察机关提起公益诉讼,弥补行政公益诉讼的主体缺位,督促行政机关依法行政、严格执法,调动法律规定的机关和组织参与公益保护的积极性,促进了公益保护体系的不断完善。试点地区检察机关针对不同案件的特点,探索运用支持起诉、督促起诉、诉前建议、提起诉讼等多种手段,涵盖民事公益诉讼、行政公益诉讼、刑事附带民事公益诉讼等案件类型,覆盖所有授权领域。全覆盖、多样化的试点探索使检察机关提起公益诉讼制度顶层设计得到检验。检察机关提起公益诉讼的做法和成效达到了预期目标,得到各方面肯定。实践充分证明,这一制度设计是切实可行的,对于全面依法治国特别是推进法治政府建设、完善中国特色社会主义司法制度具有重大意义。

● 各方观点

全国人大代表、辽宁省抚顺市人大常委会原主任孟凌斌:公益诉讼试点工作中,检察机关突破瓶颈,勇于创新,为试点地区经济社会发展作出了积极贡献,解决了人民群众最关心关注的社会问题,得到了人民的认同、欢迎和支持,更为维护社会公平正义作出了积极的贡献,体现了检察机关的大局意识和责任担当。

——2017年6月26日《检察日报》

全国人大代表,重庆市水务资产经营有限公司董事长、党委书记李祖伟:通过公益诉讼活动的开展,保护了青山绿水,优化了城乡环境,促进了依法行政,为全面推进经济社会发展营造了良好的生态环境、政务环境和法治环境。

——2017年5月29日《检察日报》

03 "惠州病死猪肉案"开庭：检察机关支持起诉

2017年3月12日，广东省消委召开信息通报会，通报其代表消费者向从事病死猪经营的20名被告索赔1006.2万元。 **图片来源：广东消费网**

🔴 事件回放

2017年9月20日，广东惠州病死猪肉公益诉讼案在深圳市中级法院开庭审理，广东省消费者委员会要求20名被告承担赔偿金1006.2万元，并在省级以上新闻媒体公开赔礼道歉。此案为全国第一宗消费公益诉讼赔偿案。

2015年8月13日，深圳市公安局龙岗分局与深圳市市场稽查局根据群众举报和前期调查掌握的相关线索，在惠州惠阳和深圳平湖等地开展联合执法，抓获经营病死猪肉的犯罪嫌疑人20人。

经查，2015年以来，李某在经营、管理惠州市惠阳区沙田屠宰场期间，放任无检疫合格证明的病猪、死猪进入屠宰场屠宰，并将检疫合格证发放给屠宰生猪的客户，致使问题猪肉最终流入深圳市龙岗区龙广平湖市场、东莞等地市场销售。周某等人在明知猪肉进货渠道不正规、手续不全的情况下，多次在龙广平湖市场低价购买猪肉，并在猪肉上喷洒甲醛溶液后拉回东莞销售。柯某、冯某自2015年6月以来，多次购买生猪运至地下屠宰场进行屠宰，并将猪肉浸泡在甲醛溶液中，运回龙岗区平湖街道守珍街出售，其间还用喷壶对猪肉喷洒甲醛溶液保鲜。

经深圳市检察机关提起公诉，法院已对这20人以生产、销售不符合安全标准的食品罪及销售有毒、有害食品罪作出判罚。2016年11月，深圳市检察院向广东省消费者委员会发出《检察建议书》，建议就该案提起民事公益诉讼。2017年3月8日，广东省消费者委员会决定就李某、周某等人严重侵害消费者权益、损害社会公共利益的行为，代表消费者向深圳市中级法院提起民事公益诉讼，深圳市检察院为支持起诉单位。

● 事件影响

自2014年修订的消费者权益保护法实施以来,全国消协组织不断对公益诉讼进行探索和实践。2014年12月30日,浙江消保委率先就铁路强制实名制购票消费者遗失车票需另行购票提起公益诉讼,打响了全国消费公益诉讼的第一枪。随后上海消保委、中国消费者协会、江苏消协、吉林消协等,先后就手机预装软件卸载、违规生产销售三轮摩托车、供水格式条款、销售不合格食盐等问题提起公益诉讼。但从性质上看,这些案例均属制止性诉讼,其目的和作用仅在于制止侵害消费者的行为,难以起到震慑违法行为、惩戒不法分子、提高全社会保护消费者权益意识的效果。此外,这些案件或法院不予受理,或撤诉和解,目前唯一有判决的吉林消协诉讼案,其结果也仅仅是要求犯罪分子公开道歉,法律效应及社会影响还有局限。惠州病死猪肉公益诉讼案则是以惩罚性损害赔偿作为诉讼请求,首开先河,属全国第一宗"消费公益赔偿之诉"。

● 各方观点

全国人大代表、广东国鼎律师事务所主任朱列玉:广东省消费者委员会这次提起的公益诉讼,实实在在抓住了民心,也真正抓住了公益诉讼的精髓,既维护了广大消费者的切身利益,也震慑了食品的经营者,肃清了消费环境,促进了市场经济的健康发展。而要求不法经营者支付赔偿金,则是广东省消费者委员会的一大创举,必将成为消费公益诉讼案件的一个标杆,有利于从源头上制止商家的不法行为,同时也会促进我国消费公益诉讼制度的不断完善。

——2017年3月19日《中国消费者报》

中国人民大学法学院教授肖建国:在食品药品等大规模侵害消费者私人利益的领域,通过更加完善的公益诉讼程序安排,向人数众多的受害人支付巨额赔偿金(惩罚性赔偿、制裁性赔偿),给原告以经济性刺激和资助律师费用等,来发挥损害赔偿的制裁功能,而使这一功能具有公益性质。

——2017年3月22日《检察日报》

原中国青年政治学院消费者保护法研究中心主任张严方:惩罚性赔偿消费公益诉讼高额的赔偿金会给不法商贩们很强的震慑力,大幅提升其违法成本,使其不敢继续从事非法的经营行为,从而营造出更好的消费环境和市场秩序。

——2017年3月22日《检察日报》

04 "教以安为先"不能止于口头：
全国首例"毒跑道"环境公益诉讼案调解结案

资料图片

● 事件回放

　　中国生物多样性保护与绿色发展基金会和北京市朝阳区刘诗昆万象新天幼儿园的公益诉讼案，于2017年2月24日以调解方式在北京市第四中级法院正式结案。据悉，这是因"毒跑道"事件引发的全国首例环境公益诉讼案。根据调解协议，刘诗昆幼儿园拆除园内铺设的塑胶跑道并铺上草坪，以保护生态环境为目的向中华社会救助基金会捐助10万元。

　　2016年3月底，刘诗昆幼儿园铺设塑胶跑道。4月，该塑胶跑道投入使用，塑胶跑道使用后向外散发刺激性气味。绿色发展基金会获知该情况后，向刘诗昆幼儿园发函，要求其采取措施，拆除塑胶跑道，消除对大气和土壤环境的污染。随后，绿色发展基金会以刘诗昆幼儿园破坏大气和土壤环境、对社会公共利益造成侵害为由向北京市第四中级法院起诉，请求刘诗昆幼儿园承担拆除该幼儿园内的塑胶跑道，对污染的土壤和大气环境采取修复或替代性修复措施等责任。

　　2016年7月21日，北京市第四中级法院正式受理该案。在案件审理过程中，刘诗昆幼儿园认可确实铺设了塑胶跑道，在出现问题后于当年6月就动工拆除了，而且表示愿意承担相应的责任，弥补造成的损害。承办法官多次主持双方当事人调解，调解过程中，刘诗昆幼儿园主动拆除塑胶跑道，并铺上草坪，该集团公司下属的其他幼儿园也开始拆除塑胶跑道。

● 事件影响

接二连三的校园"毒跑道"事件刺痛大众神经,引发社会强烈关注。这是全国首例"毒跑道"环境公益诉讼案、北京法院系统审结的第一例环境公益诉讼案。从根本上说,"毒跑道"出现的原因在于标准的缺失以及地方性标准的混乱、参差不齐。改变现状,比如出台行业标准,需要一定的时间,但孩子的健康和安全却等不起、不能等。因此,主动叫停、及时出击是一个"次优选择",是为智举。"毒跑道"事件,既是一个教训,更是一个提醒。这个案例不但解决了涉案幼儿园的塑胶场地问题,还通过法院和当事人各方的努力,解决了涉案幼儿园旗下多个幼儿园的塑胶场地问题,值得借鉴。它为环境公益诉讼树立了一个样板,环境公益诉讼不只是要解决一时一地的问题,更是要通过一个案例解决一批普遍存在的问题。

● 各方观点

九三学社中央人口资源环境委员会委员、四川省人大代表、中国管理科学研究院特约研究员翟峰:各地幼儿园和中小学校有必要从孩子教育、活动、安全、经费等方面综合考虑,可选择沙土跑道代替塑胶跑道。因为沙土跑道相对来说比塑胶跑道价格低,真正称得上物美价廉。接地气的沙土跑道还有利于孩子贴近大自然、彰显和发挥孩子的天性,健康安全有保障。

——2016年7月13日《公益时报》

《法官说法》栏目:法院通过调解方式解决了具有社会影响的全国首例"毒跑道"引发的公益诉讼案,不仅及时保护了环境,案结同时执行落地,而且法院未就案办案,通过调解一并解决了其他问题,创新丰富了公益诉讼承担责任的方式。

——2017年4月13日《人民法院报》

05 4000吨垃圾山"乾坤大挪移"：诉前圆桌会议为公益诉讼探新路

资料图片

● 事件回放

2017年3月初,福建省福州市长乐区检察院在办案中得到线索,该区古槐镇感恩村娘宫娌崔塘溪旁露天垃圾越堆越高,恶臭难闻,河水被污染。

该院干警经实地查看,发现此垃圾山占地面积超过2000多平方米。3月22日,该院根据相关法律法规及《长乐市"蓝箭行动"环境专项整治工作方案》,向对本辖区内环境污染有监管职责的古槐镇政府发出"及时转运处理生活垃圾"的检察建议。不到一个月,镇政府复函称,生活垃圾已清理整改完毕。

4个月后,该院民行科检察官跟踪监督。回访发现,部分垃圾浸泡水中,未能清理的大部分垃圾仅作简单覆土处理。

9月22日,该院第二次发出检察建议,引用专家环评意见,指出这堆垃圾存在污染土地、水源、空气三大危害。发出检察建议的同时,该院拟对该案提起行政公益诉讼,并向福州市检察院民行检察处、福建省检察院行政检察处报告。第二次收到检察建议,并获悉检察机关准备提起公益诉讼后,古槐镇政府很快拿出整改方案。

但是,清理4000多吨垃圾绝非易事。福建省检察院行政检察处认为,可以召开诉前圆桌会议,商请相关部门一起来磋商,听取意见建议,让整改方案落到实处。

检察建议发出一周后,长乐市检察院牵头召开公益诉讼诉前圆桌会议,邀请该市环保局、住建局、农业局等单位相关负责人参加。与会人员表示,将协作配合,畅通衔接,全力支持。

化一家之力为多方合力,长乐市把该垃圾处理列入"蓝箭计划",古槐镇政府开足马力,迅速行动,仅用17天时间,就将4000多吨垃圾清理干净,转运城区垃圾填埋场处理。

事件影响

一次圆桌会议促成一个长期遗留问题的最终解决,这与组织方的精心构想、邀请"什么部门、什么人"参会休戚相关。邀请与处理结果有利害关系的当事人到场,听取他们的意见,避免公益受损;邀请相关职能部门负责人与会,开启解决问题的"绿色通道";邀请专业人员参会,对整改方案进行技术性指导。圆桌会议中的"三请"做法成效显著。2017年11月15日,福州市检察院把此次诉前圆桌会议成果上升为机制,出台《行政公益诉讼诉前圆桌会议实施意见》(试行),就会议的遵循原则、适用情形、启动方式、参加人员、主要程序及跟进监督方面作出明确规定。

各方观点

福建省检察院行政检察处检察官:诉前圆桌会议,是检察机关发出检察建议后,在对行政机关是否依法履行职责而跟进监督过程中的机制创新,简便易行,比提起诉讼,有成本低、效率高、矛盾少、效果好的特点。召开诉前圆桌会议的目的,是推动行政机关主动履职纠错,调动相关部门和组织共同参与,推动公益诉讼问题得到解决。

——2017年11月18日《检察日报》

中国人民大学国家发展与战略研究院研究员、环境学院教授宋国君:我国台湾地区的生活垃圾管理经验表明,强制源头分类、资源回收体系建设是垃圾减量的扭转路径,贯穿其中的是基于污染者付费原则的"垃圾计量收费""源头强制分类"和基于生产者延伸责任制的"资源回收管理基金"政策,形成降低垃圾管理社会成本的机制。

——2017年3月28日《经济日报》

06 一份诉前检察建议保护两座古桥：
北京通州首启保护文物公益诉讼

检察官查看虹桥遗址现场保护情况。
图片来源：《检察日报》

🔴 事件回放

　　2016年12月24日，北京市通州区检察院行政检察部主任黄笔镜收到该市检察院行政检察部主任于静发来的一篇新闻报道的链接信息：通州张家湾镇张湾村两座明代古石桥，深埋垃圾堆，屡遭人为破坏。

　　2017年1月初，根据新闻报道中的信息，黄笔镜带着两名检察官助理，来到张家湾镇找古石桥，发现一条被当地百姓称作玉带河的水沟，在河堤上发现了被荒草掩盖的东门桥和虹桥。3月，他们到通州区文管所找到一份《通州区不可移动文物名录》。这份名录载明，早在2005年文物普查时，通惠河故道，连同故道之上的东门桥、虹桥和广利桥（*已被掩埋，暂时无法挖掘保护*）共同被确定为区级文保单位。根据文物保护法，主管行政机关应对该文保单位进行核定，划定保护范围和建设控制地带，制定保护措施，以上都需向社会公布。但根据现场勘查的情况，这两座古桥仅仅挂上了带有名字的牌子，保护范围和建设控制地带都未划定，也查不到具体的保护措施。

　　2017年6月1日，通州区检察院向该区文化委员会送达了《检察建议书》。《检察建议书》认为，通州区文化委员会针对涉案文物保护单位，未划定保护范围和建设控制地带，相关保护措施亦未制定公告。虽然该文物保护单位安装了护栏和告示牌，但不符合对文物保护单位设置标志说明的要求。

　　对此，该院提出两点检察建议：一是尽快启动对涉案文物保护单位的保护范围和建设控制地带的划定工作，及时制定并公告施行涉案文物保护单位的保护措施，规范涉案文物保护单位的标志说明；二是采取有效措施，加强对本区其他文物的保护力度，切实保护以大运河为核心的历史文化资源。

2017年6月26日,通州区文化委员会向通州区检察院回复了《关于加强文物安全与文物保护工作的报告》,其中提到了包括大力提升张家湾古城及石桥的保护能力、督促属地履行文物保护主体责任等措施。

● 事件影响

文物是不可再生的文化资源,是传承和弘扬中华优秀传统文化的历史根脉。检察机关作为公共利益的代表,通过行政公益诉讼程序来督促行政机关依法履行监管职责,对加强文物保护工作非常有意义。

作为检察机关提起公益诉讼的前置安排,诉前程序在整个公益诉讼制度架构中有其独特的价值和意义,其设置本身也有着丰富的理论基础。诉前程序遵循司法有限性原则、尊重私权的法治原则和检察权运用的谦抑原则,它是检察机关提起公益诉讼的必经程序。设立诉前程序的目的是为了提高检察监督的效力,发挥行政机关主动履职的能动性,节约司法资源。

从两年的试点情况看,各试点地区的检察机关按照全国人大常委会授权决定的要求,严格履行诉前程序,取得了制度设计的预期效果。截至2017年5月,各试点地区检察机关共办理诉前程序案件共6952件,占全部公益案件的88%以上,其中行政公益诉讼诉前程序案件6774件,四分之三的行政机关在行政公益诉讼的诉前程序当中纠正了违法行为,履行了法定职责。

● 各方观点

北京市人大代表、通州区漷县镇石槽村妇代会主任唐丛华:这个领域很新,但是现在对文物保护的重视程度、保护力度确实有待加强。从这个案件看,诉前程序是非常科学的一种程序设置,检察机关给行政机关提出的检察建议非常有针对性,而行政机关对于检察机关提供的"整改妙计"也是欢迎和认可的,所以通过诉前程序就能够很好地实现预期的督促和保护效果。我认为,在实现党的十九大提出的生态文明建设目标的过程中,检察机关提起公益诉讼工作将大有可为。

——2017年11月27日《检察日报》

媒体人李洪磊:在全面贯彻"保护为主、抢救第一、合理利用、加强管理"工作方针的基础上,深入研究文物保护纳入公益诉讼的可行路径,让文物保护长出"铁齿钢牙",才能使文物免遭毒手,保得住留得下,更多惠及人民群众。

——2017年1月6日《新华每日电讯》

07 揭开非法排放危险废物利益链的黑幕：
济南章丘"10·21"重大环境污染案17人获刑

济南市中级法院立案庭工作人员向原告代理人送达受理案件通知书。
图片来源：济南中院官方微信

● 事件回放

备受媒体关注的"10·21"重大环境污染案近日作出判决。山东省济南市章丘区法院以污染环境罪分别判处被告单位山东弘聚新能源有限公司、山东金城重油有限公司（下称金诚公司）100万元、20万元的罚金；以污染环境罪判处被告人郭泗滨等17名被告人六年至六个月不等的有期徒刑，各并处6万元至8000元不等的罚金。

2015年10月21日，济南市章丘区普集镇上皋村某院落内发生一起重大污染环境案件，张某等4名涉嫌非法排放危险废物人员当场中毒身亡。

警方经调查，最终确定危废物出自淄博市的金诚公司。就在案发前一天，因金诚公司生产车间产生了一些废碱，工作人员联系其供应公司的内勤周彩霞处理，周彩霞找到中介人员王海洋。王海洋又找到殷珂珂，双方约定处理费用为每吨300元。谈好价格后，殷珂珂找到郭泗滨，郭泗滨喊上张某处理，同时联系危险品运输车运输，周彩霞为该车开具装车单。当日，23.72吨废碱被运输至陈某租赁的废弃煤井处，众人将废碱排放至井中，渗入地下。张某等四人在排放废物过程中因吸入过量有毒挥发气体导致中毒身亡。此案还牵出多家违法偷排危险物质的化工企业。

法院经审理查明，2015年7月至当年10月间，张某为谋取利益，自己或通过殷珂珂、郭泗滨等人联系上述几家公司处理危险废物，并将陈某、蘧光强的租赁地作为处理地点。涉案企业为降低每吨 3000 元至 6000 元的危废物处理成本,雇用相关人员以每吨 300 元至 500 元的价格非法偷排危废酸碱液体;除去运输成本,中介和实施偷排人员实际每吨获利仅有 100 余元,但严重损害了环境安全。其间,山东省内 5 家涉事企业共向章丘境内排放废碱废酸 1181.72 吨。

2016 年初,国内环保组织中国生物多样性保护与绿色发展基金会向济南市中级法院提起环境公益诉讼,要求涉案企业支付因非法倾倒危险废物给环境造成损害的生态环境修复费用,用于对当地受到污染的环境进行生态修复。

● 事件影响

直接将危废品倾倒在废弃的煤井中,对当地地下水源造成重大污染,仅生态环境损害费用就近 2 亿元。该案被环保部列为 2015 年突发环境重大事件。案件发生后,山东省地矿局 801 队受政府委托圆满完成了应急处置注浆治理工程,科学控制了污染源进一步扩散,但需完成污染土壤开挖与修复 700 立方米,固废物清理及处置 704 立方米,地下水修复 2.6 万余立方米,原矿山巷道气体治理 2.8 万余立方米。

发生环境污染案件后,在依法判处犯罪分子承担刑事责任同时,如何修复被污染的地下水,成为一件难度极大的事情。因此,该案民事部分的最终判处,可能成为处置这一类案件的"模板"。环保部门要积极引导社会组织提起公益诉讼,以此提高排污企业和个人的违法成本。

● 各方观点

中国生物多样性保护与绿色发展基金会副秘书长马勇:公益诉讼案除在立案阶段有困难,在取证环节难度也比较大。环境案的专业性和技术性要求高,时效性也强,案件发生后如果隔段时间再去取证,可能就搜集不到关键的证据,很多案件的取证非常困难。

——2016 年 3 月 16 日《济南日报》

中国人民大学环境学院院长马中:水资源不足和河流水质污染直接威胁着城市居民,而作为全国饮用水源的地下水污染更是一个大问题。防治地下水污染在技术上并不容易,要想净化已渗透到深层的地下水污染需要 1000 年时间。

——2017 年 1 月 9 日中国水网

08 共享单车公益诉讼第一案：押金问题的法治化解决途径

资料图片

● 事件回放

2017年12月18日，广东省消费者委员会以小鸣单车经营管理方——广州悦骑信息科技有限公司作为被告，向广州市中级法院提起消费民事公益诉讼，提出判令被告立即停止拖延退还消费者押金的行为，对消费者押金实施专款专用、即租即押、即还即退、第三方监管等措施，对新注册消费者采用免押金的方式提供服务等诉求。广州市中级法院受理了此案。这是全国首起共享单车消费民事公益诉讼。

从2017年8月开始，广东省消委会陆续收到消费者关于小鸣单车押金逾期没有退还的投诉，且投诉量呈现迅猛增长的趋势。为化解纠纷，广东省消委会对受理的投诉进行了调解，向小鸣单车方发函调查询问，并约谈相关负责人，还向小鸣单车开户银行查询。了解到小鸣单车开设的资金账户为一般账户，并非第三方监管的银行专用账户，收取的消费者押金没有实施银行托管，对于这些情况，小鸣单车并没有向社会作出真实的说明和明确的告知。

11月中下旬开始，小鸣单车公司在处理广东省消委会转办投诉方面开始出现被动消极，不仅没有及时处理投诉、从实质上改善逾期退还押金的状况，对消委会提出的落实押金专款专用、第三方监管、保护消费者合法权益的要求也没有落实，导致消费者投诉不断增加和积压。

广东省消委会认为，小鸣单车经营者长期占有消费者押金、违背按时退还押金承诺、未实行专款专用和第三方托管、押金管理使用不公开等一系列问题,已经违反了消费者权益保护法、交通运输部等10部门《关于鼓励和规范互联网租赁自行车发展的指导意见》等有关规定,损害了消费者的财产权、知情权、选择权和公平交易权,破坏了市场公共秩序,因此将其经营管理方——广州悦骑信息科技有限公司提起消费民事公益诉讼。

●事件影响

共享单车押金问题是消费投诉的"重灾区",各方高度关注。作为全国首例共享单车消费民事公益诉讼,把共享单车押金问题导入诉讼解决的法治化渠道,既为民事公益诉讼增添了新的案例,更为今后共享单车押金问题指明了法治化处理方向,具有多重样本意义。

中国消费者协会曾针对共享单车企业大量押金、预付资金难退的问题,发出公开信予以强烈谴责。但跟提起公益诉讼相比,发公开信谴责对共享单车企业不具有法律约束力,更不具有强制性,而公益诉讼就不一样,只要法院就此形成的判决生效后,对各方当事人就具有普遍的法律效力。

运用公益诉讼的手段给共享单车押金问题来个一锤定音,给众多共享单车消费者撑了腰、解了难。从法律规定层面而言,单个消费者可起诉要求共享单车企业退还押金,可谁又愿意为几百元押金而去较这个真呢?且不说诉讼成本问题,单就诉讼精力的投入,就不是一般消费者愿意选择的纠纷解决渠道,这就是为什么消费者就此投诉居高不下而鲜有诉诸法院的原因。而消费者权益保护部门通过一个民事公益诉讼案件,就能解决成千上万乃至数百万共享单车消费者面临的押金问题,可谓"四两拨千斤",惠及千万家。

●各方观点

中国消费者协会秘书长常宇:共享单车企业要诚实守信、依法经营,把保护消费者合法权益工作放到优先位置,杜绝先发展后治理这一怪圈模式。

——2017年3月23日中国消费者协会官网

国家法官学院原副院长曹三明:关于共享单车的押金问题,要重视消费者与企业的租赁合同内容。共享单车企业收取使用押金和预付费的行为,如果是正常、合法经营,可以视为适用合同法第13章,也就是租赁合同及其有关规定。

——2017年12月5日央视《天天315》

2017

中国法治新观察

舆论监督篇

——让无力者有力 让悲观者前行

2017

中国法治细节观察

01 于欢案改判：
一堂全民共享的法治公开课

图片来源：山东省高级人民法院官方微博

● 事件回放

2017年2月17日，山东省聊城市中级法院对于欢故意伤害案作出一审判决：以故意伤害罪判处于欢无期徒刑，剥夺政治权利终身，并承担相应民事赔偿责任。

3月23日，《南方周末》发布报道《刺死辱母者》，披露于欢是在母亲苏银霞借高利贷遭暴力催款，并受到凌辱，在报警后没有得到及时干预的情况下，才拿水果刀杀死辱母者的。

报道引起公众和有关方面的广泛关注。

3月26日，最高人民检察院宣布：派员赴山东对该案事实、证据进行全面审查，对媒体反映的警察渎职等行为进行调查。接着，山东省人民检察院官方微博表示，第一时间抽调公诉精干力量全面审查案件，在该案二审程序中依法履行出庭和监督职责；对社会公众关注的于欢的行为是属于正当防卫、防卫过当还是故意伤害等，将依法予以审查认定。

最高检调查认为，山东省聊城市检察院的起诉书和聊城市中级法院的一审判决书认定事实、情节不全面，对于案件起因、双方矛盾激化过程和讨债人员的具体侵害行为，一审认定有遗漏；于欢的行为具有防卫性质，起诉书和一审判决书对此均未予认定，适用法律确有错误，根据我国刑法第20条第2款"正当防卫明显超过必要限度造成重大损害的，应当负刑事责任，但应当减轻或者免除处罚"的规定，应当通过第二审程序依法予以纠正。

● 事件影响

2017年5月27日,山东省高级法院二审开庭审理于欢故意伤害案。检察官在法庭上充分阐述了检察机关的意见。

6月23日,山东省高级法院公开宣判此案,认定于欢的行为具有防卫性质,但明显超过必要限度造成重大损害,构成故意伤害罪,依法应当负刑事责任,改判于欢有期徒刑五年。

该案中的处警民警及相关责任人受到党政纪处分;涉案的涉黑团伙吴学占等15人,被检察机关提起公诉。

● 各方观点

请珍惜民意对法治的助推

于欢的遭遇,未必具有什么普遍性,但至少有两点触碰到了人们的痛感神经:一是个人在面对近乎极端的羞辱时如何应对,二是执法和司法层面能否为个体实现权利救济。

都说"法律不可远离'看得见的人情'",而那些公共发声,正是法律的庭院外看得见的人情民意。

这并不是说,法律就该迁就和盲从民意,看舆论"脸色"行事,而是指司法在保持独立公正的同时,也要接受舆论监督,经得起法治和民意的考量。如果某个判决在"法律公正""人本关怀"等指针上与普遍的民意脱节,那我们是否应该反思,是不是有些环节出了问题。

——2017年3月26日《新京报》(作者:佘宗明)

于欢案是一堂生动法治课

从一审到二审,于欢案留给人们最大的思考可能依然是舆论与法治应该有怎样的良性互动关系。舆论有力地推动了于欢案的二审改判,让沉默的声音被打捞出来,让更多光照进来;随着案情信息的不断展开,我们也更感受到"以事实为依据,以法律为准绳"这句话的真实分量。

于欢案无疑是一堂生动的法治课。从一审判决引发的巨大争议,到二审判决微博直播,再一次提示:公开是最好的稳压器,也是最好的法治课。通过最大限度的司法公开,可以消弭误解、打消猜忌;通过恪守公正的司法纠偏,可以支持正义、驳斥谬误,让司法公信力回到正轨。其实,对于普通老百姓而言,司法正义乃至整个国家的公平正义,正是由我们关注的个案连缀支撑起来的。

——2017年6月26日《人民日报》(作者:陆侠)

02 49天20人亡：托养中心竟成死亡中心

资料图片

● 事件回放

2017年2月14日，某微信公众号发布《16岁自闭儿子深圳失踪，118天后死于韶关新丰福利院》文章，披露15岁自闭症少年雷文峰走失后被辗转送到广东韶关市新丰县练溪托养中心后不幸死亡事件。2月17日，新丰县政府发布情况说明称，雷文锋因疑似消化道肿瘤治疗无效在新丰县人民医院死亡，练溪托养中心不存在当年还有多人死亡的情况。

3月20日，《新京报》刊发系列深度报道，详细还原了雷文峰自走失到死亡的全过程，同时披露，新丰县练溪托养中心近6年内死亡近百人，仅2017年1月1日到2月18日49天内就有20人死亡。

3月21日，广东省市联合调查组进驻新丰，对练溪托养中心有关问题展开全面深入调查。同一天，民政部发出对救助管理机构站外托养等工作进行检查整改的紧急通知，要求对检查中发现的托养机构违纪违法行为，要严肃查处，追究责任。

● 事件影响

2017年3月27日，广东省市联合调查组通过媒体公布调查进展和查处情况：对练溪托养中心监管不力、失职失责的新丰县县委书记陈景辉等4人免职；涉嫌滥用职权犯罪的新丰县人大常委会副主任、县民政局原局长李翠琼等4人，涉嫌玩忽职守犯罪的新丰县文广新局局长、县民政局原局长易必恒等5人被检察机关立案侦查并采取强制措施；涉嫌挪用特定款物、虐待被看护人犯罪的托养中心出资人刘秀玉、法定代表人罗丽芳以及涉案的托养中心工作人员和有关嫌疑人多人被公安机关刑事拘留。广东省委、省政府部署民政部门对全省社会救助托养机构进行全面清查。

同一天，民政部在北京召开全国生活无着流浪乞讨人员救助管理工作电视电话会议，对全国范围内的救助和托养机构开展全面检查整改工作进行动员部署。民政部指出，新丰县练溪托养中心托养人员死亡事件暴露出救助管理工作中存在的突出问题。各地民政部门和救助管理机构要深刻吸取这次事件中的沉痛教训，举一反三，强化责任担当，依法依规履职尽责，坚决防止类似事件再次发生。

● 各方观点

谁来为"救助"名义下的死亡负责

看似每个程序都符合操作规范，看似从各机构间的衔接、分工到购买公共服务，都体现了救助与管理的现代化。每个机构都履行了程序，每一道操作都以"救助"为名，结果却是初衷的反面。这或是整个事件中，最让人无奈和心悸的。

在倡导以人为本的现代社会，仅仅在一个托养中心，"近6年内死亡近百人"，这说明了什么？目前，练溪托养中心的733名被托养人员已经被分流撤离，但这样一个让近百条生命消逝的地方，到底发生了什么，又有谁来为这种"救助"名义下的死亡负责？不管怎样，都不能仅仅如此撤离了之。

——2017年3月21日《中国青年报》（作者：朱昌俊）

建立并完善相关法规是当务之急

此事除了依法调查相关责任人及违法违规公职人员并对其追责外，更重要的是反思多名被托养人员之死给我们带来的警示。托养服务要尽快迈入法治轨道。目前，主要是两类人员被托养，一类是残疾人员，一类是流浪乞讨人员。前者主要由各地残联委托专门机构来托养；后者主要是各地民政部门下属的救助站委托专门机构来托养。但无论是哪种托养服务，目前仅仅是政策来保障，缺少法律支撑。政策并不是没用，但约束力显然不如法律法规，因而亟待建立完善相关法规。

希望其他地方有关部门也要对类似托养机构进行全面"体检"，别让悲剧在托养机构重演。

——2017年3月22日《工人日报》（作者：冯海宁）

03 "虚假医药广告表演艺术家"：谁给他们提供了舞台？

资料图片

● 事件回放

2017年6月，媒体曝光了一位名叫刘洪滨（斌）的"老专家"：她在3年中先后变换了9个身份，转战多家省市级电视台的"健康节目"，推销各种"神药"。她时而号称苗医传人，时而变身蒙医传人，且身兼中华中医医学会镇咳分会副会长、东方咳嗽研究院副院长等数职，偶尔还会客串一下北大专家和医院退休老院长；她在节目中语出惊人，以权威身份"打包票"推销治疗多种不同疾病的药品，这些药品所治疗的疾病包括咳嗽、糖尿病、痛风、心脑血管疾病、失眠等。但媒体调查发现，刘洪滨身份涉及的北京大学等多个单位均表示"查无此人"，东方咳嗽研究院和中华中医医学会更是子虚乌有，而她推销的药品在网上差评连连，有的甚至被食药监部门认定为假药。

刘洪滨因此被网友戏称为"虚假医药广告表演艺术家"。

紧接着，网友又扒出，像刘洪滨一样的"虚假医药广告表演艺术家"，还有三个：李炽明、王志金（今）、高振宗（忠），他们被网友合称电视广告"四大神医"。

● 事件影响

针对此次持续发酵的"虚假医药广告表演艺术家"事件，2017年6月23日，国家工商总局和国家新闻出版广电总局分别进行了回应。国家新闻出版广电总局要求各级广播电视播出机构须立即停止播出"苗仙咳喘方"等40条违规广告。工商总局相关负责人则表示,工商总局充分发挥整治虚假违法广告部际联席会议机制作用,已与新闻出版广电总局、食药监总局、卫生计生委、中医药管理局、公安部等成员单位专题研究,各部门将依据各自职能依法调查处理。

各方观点

假药广告"表演艺术家"为何能攻陷这么多卫视?

身份原本一查就可知的"大忽悠",怎么就能"攻陷"这么多卫视?

这些年来,国家中医药管理部门等监管部门对假药曾多番整治。2016年"魏则西事件"出来后,国家广电总局还印发通知要求,医疗养生类节目聘请医学、营养等专家作为嘉宾的,该嘉宾必须具备国家认定的相应执业资质和相应专业副高以上职称,并在节目中据实提示。刘洪滨代言的假药广告,是否在该通知出来后禁绝,还待确认。但就算还没这通知,对药品和代言者身份尽到起码的审核义务,有多难?

所以根本原因就在一个"利"字。毫无疑问,对于刘洪滨式"大忽悠",还有相关节目方,监管部门得该处罚就处罚,绝不轻纵。

——2017年6月22日《新京报》(作者:佘宗明)

必须拆掉"假药广告表演艺术家"的舞台

"虚假医药广告表演艺术家"们的表演再怎么卖力、再怎么蛊惑人心,他们也还只是演员,只是被推到前台的提线木偶。在他们背后,还潜伏着一条庞大的虚假医药广告利益链。

要想从根本上遏制虚假医药广告,必须彻底铲除其赖以生存的土壤,让那些"艺术家"即使演技再高,也找不到表演的舞台。这就要死死守住广告发布这个终端,把法律法规落到实处,在强化媒体守法意识和社会责任感的同时,切实加强对广告制作、发布等环节的监管。如此,非法医药广告又怎么会成为"打不死的小强"?那些"虚假医药广告表演艺术家"又怎么会有生存空间?

——2017年6月23日《检察日报》(作者:李国民)

04 李文星之死：
不能纵容互联网+传销继续作恶

资料图片

● 事件回放

　　2017年5月15日,毕业于东北大学的李文星在BOSS招聘平台上发送了自己的求职简历。四天后,他收到一家名为"北京科蓝软件系统有限公司"的聘用通知函。5月20日,李文星从北京前往天津入职。本对未来充满无限憧憬的李文星在接下来不到两个月的时间里经历了什么,如今再也没有机会听他自己讲述,因为7月8日,李文星给母亲打了最后一个电话,说完"谁打电话要钱你们都别给"的六天后噩耗传来,李文星尸体在天津市静海区被发现。

　　经证实,当初在互联网招聘平台"BOSS直聘"上与李文星联系的北京科蓝软件系统有限公司,只不过是一家冒名招聘的"李鬼"公司。

　　直到8月2日,李文星一事被一家名为"芥末堆"的自媒体所报道,才迅速被众多机构媒体、自媒体及媒体人关注。该自媒体报道称,7月14日,李文星的遗体在天津市静海区一处水沟内被发现。根据李文星随身携带的传销笔记等物证,警方分析认为,李文星极有可能误入传销组织。

● 事件影响

　　李文星事件发生后,天津部署"决战20天,彻底清除非法传销活动,打掉非法传销团伙"。2017年8月6日凌晨,静海区组织开展打击传销"凌晨行动"。截至当天上午11时,发现传销窝点301处,清理传销人员63名。8月7日记者从天津市静海区获悉,目前已基本查明李文星被诱骗进入传销组织的经过。陈某、张某、江某某、翟某某、胡某等5名涉案人员已被抓获,犯罪分子对诱骗李文星进入传销组织并进行控制的犯罪事实供认不讳,江某某因涉嫌组织领导传销被刑事拘留,其他4人因涉嫌非法拘禁被刑事拘留。

10月25日下午,李文星家属向媒体确认,警方判定李文星"系意外落水后溺水死亡",因此未予刑事立案。

李文星事件,同时引发公众对网站招聘平台如何尽到审查责任的大讨论。BOSS直聘针对李文星事件发道歉信:向李文星的家人、用户和公众表达内心最深切的歉意,将承担法律责任并落实整改要求。

● 各方观点

招聘网站应尽审核职责

李文星事件后,我们也希望有关部门加强监管,依法追责。招聘网站尽职审核招聘企业的资质,避免让违法组织出现在招聘网站上。这一条行业底线,无论如何不能突破,逾越雷池者也理应受到法律的惩处。这不仅是为对人生仍旧充满想象的李文星们负责,也是为了互联网企业自身的发展。互联网应该扩大社会福利,不能成为坏人的帮凶。

——2017年8月3日《新京报》社论

李文星之死,网站难逃法责

媒体发现不只有BOSS直聘一家不去依法审核认证招聘方信息,据《2017年中国互联网用户消费维权报告》显示,2016年虚假兼职诈骗的举报维权量约占总互联网用户维权数量的五分之一,多发生在知名招聘平台。招聘网站身为网络运营者,本应切实履行自己的审核义务,而李文星事件恰恰暴露了招聘网站的失职失责。

——2017年8月4日《检察日报》(作者:高扬)

传销不是打不赢,关键在于想不想打

天津静海传销10余年屡打不绝,而就在"死命令"下达之后,一个上午就发现了传销窝点301处。如此战绩令人百味杂陈,这些成效是否也表明,打击非法传销不是能不能打赢的问题,而是愿不愿意去打的问题?李文星以生命为代价,换来了这一次的"真打"。但暴风骤雨过后,如何才能保证非法传销的恶疾不在这座城市复发,这可能是更大的考验。天津之外的其他城市呢?BOSS直聘之外的网站呢?斩断非法传销伸向民众的魔爪,需要的是更多地方、更多领域的高度警醒。

——2017年8月7日华声在线(作者:周东飞)

05 格斗孤儿：
他们的命运谁做主？

图片来源：视频截图

●事件回放

2017年7月，一段讲述"格斗孤儿"的视频在网络引发热议。视频中介绍了两名失去双亲、无依无靠的小男孩小龙和小伍的故事。两人都是14岁，是四川省成都恩波格斗俱乐部的队员，平时练习综合格斗，还偶尔参加商业演出。俱乐部先后收养了400多位像他们一样失去双亲无所依靠的孩子，他们的梦想都是拿到UFC（*终极格斗冠军赛*）金腰带。

这一消息曝光之后引发舆论关注。有的网友认为，对于失去双亲的孩子，能够在生存之外学到一技之长是一件好事。也有网友担心，孩子们在本应坐在教室里学习文化知识的年龄投身格斗，将来可能仍会遇到生存的危机。

对此，公安部门首先介入调查。民政部门表示，将根据调查结果确定进一步救助措施。成都市公安局指挥中心称已经开展相应工作。此外，成都市教育局工作人员对记者称，教育部门无权干涉格斗俱乐部，应由民政方面来进行调查。而因为孩子来自凉山，如违反义务教育规定，应由凉山州教育部门追究相关责任。工作人员同时表示，如果孩子需要在成都上学，需要办理居住证等相关手续，符合条件可以入学。

●事件影响

媒体报道后引发热议，四川成都警方介入，调查俱乐部对孤儿们收养的合法性和是否有未成年人参与商业比赛;之后,凉山的教育部门要求孤儿们回老家接受法定的义务教育。最终,这些格斗孤儿被要求必须回归凉山老家。

2017年8月16日,恩波格斗俱乐部收养的来自凉山州越西县的孩子全部被带回家。有不少孩子不愿回去,也被强迫按下了手印离开。

9月5日,教育部基础教育司副巡视员王岱对这一事件进行了回应。王岱表示,"组织贫困家庭的孩子和孤儿来从事这项工作,存在社会道德问题,容易引起一些其他机构的效仿,在这个问题上我们要发现一起查处一起"。

11月22日下午,微信公众号"格斗迷"发文《"格斗孤儿"事件大反转!孩子们终于有希望了》。文章称,"在政府的支持下,恩波格斗俱乐部获得了体校资质,曾经被'遣送'的孩子们也将可以继续回来训练与学习,并且还会扩招生源到三百名。他们不仅能接受格斗训练,而且毕业还能获得国家承认的学历"。

● 各方观点

找到以孩子权益为本的最优解决方案

救助该结合具体情境,考虑"格斗孤儿"自身意愿。若他们愿意,作为流入地的成都,也该依照国家解决流动儿童入学问题"以流入地为主、公办为主"的原则,妥善安置他们;而涉事俱乐部和孤儿家乡政府也担起责任,协同解决该问题。说到底,这事儿不能简单地一刀切,应该综合考虑,找出以孩子权益为本的最优解决方案。

——2017年8月9日《新京报》(作者:王言虎)

以善良的名义让孩子们回家不是真正的救助

这些孤儿,在这里,本来可以得到最好的正规训练,走上足以改变命运的职业道路,可惜,却在热心民众的围观和帮助下,不得不返回贫困山区,继续"吃洋芋",而他们原本值得期待的前途,也变得未知、渺茫。在善良的名义下,这到底是解救,还是扼杀呢?收留孤儿,并教给他们一技之长,本来是值得尊敬的慈善义举,可是为什么会变成社会谴责攻击、政府警惕调查的对象呢?这件事有太多值得反思之处。

——2017年8月13日观察者网(作者:截流)

"格斗孤儿"迎来新生,反思还不能停步

同样为了解决孩子的教育和未来生计问题,挂了体校的名,就能得到公共财政支持,而俱乐部则只能自生自灭,前后反差这么大,原因在哪呢?政府部门当初的旁观是不是也是一种不作为呢?可见,公共投入得跟着人走,而不是跟着身份走。

——2017年11月26日《钱江晚报》(作者:高路)

06 青岛交警为"暴走团"封路：有益探索还是执法妥协？

资料图片

🔴 事件回放

2017年8月25日傍晚，青岛交警市南大队的民警来到青岛八大峡广场北侧的多条机动车道的路口，放置了临时封闭的牌子，以此措施来给经常在这里活动的几个"暴走团"划出相对安全的活动区域，保证"暴走团"成员的安全。

8月26日，青岛交警方面在接受记者采访时表示，附近的几条机动车道到了晚上车辆较少，经过调研，他们认为分时段封闭这些道路对机动车影响不大，因此采取了临时封路供"暴走团"活动的举措。这样的举措符合《中华人民共和国道路交通安全法》，有法可依，而且会持续一段时间。

🔴 事件影响

措施一出，引起了多方关于"路权"等问题的讨论。一些"暴走团"成员和市民认为，交警的举措是出于好意，将车流量较小的道路临时封闭，给"暴走团"成员使用，既保证安全，又能够提高道路的"利用率"。不过也有很多人认为，把机动车道让给"暴走团"，是属于一种不该有的妥协，暴走本身应该在相应的活动场地进行，在公路上走，就侵犯了机动车驾驶者的"路权"。

2017年9月5日，媒体从青岛交警市南大队了解到，他们已完成了对八大峡广场附近人行道的优化改造，"人车分离"措施改造完成，这样"暴走团"队员有了较为充分的安全徒步空间，不再需要在机动车道上活动。由此，为"暴走团"封路的措施在实施不到一周即取消。

据了解，交警部门听取了各方意见，协调了区政府和各相关部门，打通了广场内的断头路,并增设人行道隔离设施,还完善了交通标志,清理了占用人行道的车辆和障碍物等,这些措施使广场内的步行道实现闭合循环,让人车"各行其道"。

● 各方观点

"依法"姑息"暴走团",是个坏示范

"于法有据",也不能任性;要"形式合法",更要"实质合法"。交警有权限作出限行规定,但限行规定不能突破道路交通安全法明确的"分道通行"原则,更不应以损害机动车的正当通行权为代价,让非法占据机动车道合法化,特别要防止向社会释放错误的信号——法不责众,否则会起很坏的示范作用。

——2017年8月28日《新京报》社论

为"暴走团"封路不可取

青岛交警对机动车道进行分时段封闭,以供"暴走团"步行。在这之前,山东临沂曾经发生过"暴走团"走上机动车道被撞造成死伤的事件。不难看出,青岛交警的举动,意在保护"暴走团"成员的安全,出发点可谓良好。然而,任何以违反规则为前提的行为,哪怕是善意的,也不可取。因为它将助长漠视规则的不正之风。

——2017年8月28日中央人民广播电台(作者:曹美丽)

规范"暴走团"需要文明"领路"

运动是对健康的向往,文明是对城市的考量。规范"暴走团",需要多方力量。"暴走团"表面上是利益群体之间的博弈,其实是公共空间资源配置的困惑,更是对社会治理的深层挑战。舆情的反复也说明封路举措有失成熟。不过乐见的是,当地打通了人行道,暴走不必再占用车行道。尚不知这样的通道能否满足暴走群体的需求,会不会有再次占路反弹,但可以说,当地管理者在公众健身需求的语境下,将管理链条作出了有益延伸和探索尝试,给"暴走团"提供了一条安全之路,值得肯定。

——2017年8月30日天津网(作者:张平)

07 虐童事件：
幼托市场乱象丛生

资料图片

● 事件回放

2017年11月初，一则"携程幼儿园教师虐童"视频在网上热传，视频中，有教师粗鲁穿脱幼儿衣物，并推搡幼儿致其摔倒，头部撞击在桌角；还有教师逼迫孩子吞咽不明物品，导致孩子无助哭泣。据调查，该亲子园为上海携程公司委托《现代家庭》杂志社下属"为了孩子学苑"管理。

11月22日晚，有十余名幼儿家长反映北京市朝阳区管庄红黄蓝幼儿园的幼儿遭遇老师扎针、喂不明白色药片，并提供孩子身上多个针眼的照片。事发后涉事幼儿园老师在家长群中发信息表示，正在配合有关方面调查，一旦事情有进展，将第一时间通知家长。通过家长提供的视频显示，警方已提取孩子针眼等证据。现场一名朝阳分局刑警称已经提取了园区大量监控视频，警方正在调查中，希望了解情况的涉事家长跟他到派出所会议室，他会详细解释警方工作情况。事件曝光后，当事园所家长在幼儿园门口向媒体反映孩子遭虐待和疑似性侵的视频在网络、电视等媒介迅速传播，引发社会对学前教育安全问题的空前关注。

● 事件影响

2017年11月15日，上海市妇儿工委发布"携程亲子园事件"调查情况，认定《现代家庭》杂志社领导班子对承接运营携程亲子园项目决策严重失误。经市妇联党组研究决定，撤销纪大庆《现代家庭》杂志社支部书记、社长、总编辑职务。上海市妇联向受害儿童、家长和社会诚挚道歉。2017年12月13日，上海市长宁区人民检察院依法对携程亲子园工作人员郑某、吴某、周某某、唐某、沈某某以涉嫌虐待被看护人罪批准逮捕。

11月26日晚，北京警方就红黄蓝幼儿园幼儿疑似遭针扎、被喂药一事进行通报，涉嫌虐童的幼儿园教师刘某被刑拘。11月29日，红黄蓝教育机构发布道歉信。11月30日，北京市纪委、市监委会同朝阳区纪委、区监委通报调查结果，认为朝阳区教委主任肖汶、副主任付琳，存在对民办教育机构监管缺失的问题；朝阳区教委社会力量办学管理科科长韩斌，工作中存在失察失责、履职不到位的问题。朝阳区纪委、区监委决定对上述责任人员予以立案调查。

针对携程托管所、红黄蓝幼儿园发生的虐童事件，教育部责成地方有关部门立即启动调查，尽快查清事实真相。教育部部署开展幼儿园办园行为专项督查，要求各地教育部门对此类事件一定要引以为戒，采取有效措施，切实加强师德师风建设，切实规范办园行为，切实加大监管督查力度。

12月1日，最高人民检察院下发通知，要求全国各级检察机关充分履行检察职能，依法严厉惩治侵害幼儿园儿童犯罪，全面维护儿童合法权益，预防和减少此类案件发生。

●各方观点

托儿所立法和监管缺失无法满足市场的巨大需求

携程亲子园虐童事件暴露出对托儿所建设重视不够、管理规范缺失、政府责任主体不明等重大问题。近年来，公办托儿所已基本消失。从立法看，除《城市托儿所工作条例（试行草案）》外，关于托儿所的国家层面专门立法几乎尽付阙如，而这个已试行37年的草案，显然已经无法适应经济、社会、文化都经历了巨变的当今时代。更要命的还不是缺少规范，而是从中透露出的对托儿所建设的消极态度。

——2017年11月10日《检察日报》（作者：李国民）

守住幼有所育的底线

孩子们是属于未来、属于明天的，但保护孩子需要从今天开始，吹散虐童阴影，守住"幼有所育"的底线，才能让"全体人民共建共享发展"的温暖目标得以实现。

——2017年11月23日《人民日报》微信公众号

幼托市场不能"野蛮生长"

法治要厉行，监管要加强，师资要提升，幼托市场不能"野蛮生长"。各方力量行动起来，除积弊、补短板，给孩子们一片快乐成长的天空。

——2017年11月23日新华社"新华视点"微博

08 桃江两学校群发性肺结核：
可控疫情为何失控

图片来源：央视新闻截图

● 事件回放

2017年11月，有网友在微博爆料称，湖南省桃江县第四中学出现群发性肺结核疫情。11月15日，媒体对此进行了报道，引起广泛关注。

11月17日晚，湖南省卫计委通报称，截至11月16日，桃江四中共发现29例肺结核确诊病例和5例疑似病例，另有38名学生预防性服药，共计72名学生接受治疗和管理。

11月25日，湖南省卫计委发布疫情通报称，经继续复查和主动筛查，截至11月24日，桃江四中共报告肺结核确诊病例81例、疑似病例7例；桃江县职业中专报告肺结核确诊病例9例、疑似病例3例。两所学校合计已确诊90例肺结核病例。

经国家卫计委、湖南省卫计委确认，这是一起聚集性肺结核公共卫生事件。

事件影响

2017年11月21日,桃江县委对桃江县连续发生的两起校园群发肺结核事件相关责任人采取了组织处理措施。

桃江县委决定,免去县卫计局周德生的党组书记、提请免去其局长职务;免去县教育局黄志刚的县教育工委书记、提请免去其局长职务;免去县卫计局王满云的党组成员、提请免去其副局长职务;免去县教育局符祝英的县教育工委委员、提请免去其副局长职务;提请免去县疾病预防控制中心文富强的主任职务,建议县直属机关工委免去其县疾控中心党支部书记职务;免去戴次波的县教育工委副书记、提请免去县人民政府主任督学职务(县职业中专学校原党委书记、校长);同时建议县教育工委免去杨宇的县第四中学党总支部书记、校长职务。桃江县纪委、监察局将进一步依法依规开展调查,对在此次结核病聚集性疫情处置工作中存在的失职渎职行为予以严肃处理。

各方观点

"拖"和"捂"要不得

追责并不是我们的终极目的。更需要追问的是,从一名学生感染肺结核到数十名学生相继感染,酿成此次事件的原因是什么?

有媒体分析,"拖"和"捂"是这次群体性感染肺结核的主要原因。正是"拖"和"捂",贻误了最佳应对时机、导致了疫情的蔓延。隐瞒疫情、迟报缓报,或许有担心引发社会恐慌和家长焦虑的考虑,但恐怕也有怕影响升学率、怕破坏地方形象的原因。在学生健康与政绩、升学率的天平面前,涉事学校和当地政府选错了砝码。

——2017年11月21日澎湃新闻(作者:杨三喜)

规章制度仅仅挂在了墙上

《中华人民共和国传染病防治法》明确规定:"任何单位和个人发现传染病病人或者疑似传染病病人时,应当及时向附近的疾病预防控制机构或者医疗机构报告。"桃江县有关学校和部门忽视疫情,特别是早期防控不力,导致疫情扩散,使得原本可以控制的疫情最终演变成失控的状态,相关责任人受到免职处理,当属必然。

虽然问责刚刚开始,事件的教训却极为深刻。这就是,有关单位和部门没有认真执行相关规章制度,仅把规章制度挂在了墙上,而没有上心,使规章制度形同虚设,从而导致事件的发生,造成恶劣的社会影响。

——2017年11月22日四川在线(作者:向秋)

09 共享单车押金：如何解决仍在路上

图片来源：新华社

● 事件回放

2017年2月，央视质疑了目前火热的共享单车的押金情况。以四个品牌的共享单车为例，摩拜押金为每人299元，OFO为99元，小鸣为199元，优拜为298元。以摩拜为例，2016年12月活跃用户量已达313.5万人，每月活跃用户押金总额超过9亿元。很多用户反映说，押金退款均不能实时到账，提交退款申请后要等待1到7个工作日才能成功退款。企业还要求，在押金申请退还期间，不能使用该公司共享单车。在一充一退的时间差里，单车平台会用这笔庞大的资金做什么呢？这部分账户是不是处在监管灰色地带呢？

2017年8月，交通运输部等10部门联合出台《关于鼓励和规范互联网租赁自行车发展的指导意见》，规定企业对用户收取押金的，应严格区分企业自有资金和用户押金、预付资金，在企业注册地开立用户押金、预付资金专用账户，实施专款专用，接受交通、金融等主管部门监管，防控用户资金风险。企业应建立完善用户押金退还制度，加快实现"即租即押、即还即退"。

然而，《指导意见》没能从根本上解决共享单车在押金管理方面的问题。11月16日晚，小蓝单车创始人李刚发表声明致歉，正式宣告小蓝单车黯然退市。自2017年9月以来，已有3Vbike、悟空单车、酷骑单车、小鸣单车、町町单车等品牌相继停止运营。目前已有至少6家共享单车企业倒闭，造成用户押金损失预计超过10多亿元。

中消协调查显示，酷骑单车大量收取消费者押金，并挪作他用，至今仍有数亿资金尚未退还。此外，还人为设置押金退还障碍。据北京、四川等地市场监管部门不完全统计，截至12

月11日,已收到消费者关于酷骑公司的投诉21万人次。

● 事件影响

2017年11月23日交通运输部召开新闻发布会,新闻发言人表示,交通运输部密切关注跟踪共享单车押金难退情况,指导地方交通运输部门,联合相关部门妥善应对处置,提前采取针对性措施,防止出现相关风险。据了解,交通运输部正在配合中国人民银行加快研究制定资金监管相应的指导意见和配套细则,并将尽快向各地征求意见后加快公布实施。

据中国消费者协会统计汇总,各地消协组织已收到大量共享单车押金投诉。12月1日,中国消费者协会邀请相关司法、法律问题专家,就押金、预付费以及权益损害救济等问题进行讨论。12月5日,中国消费者协会在京召开共享单车企业公开约谈会,就消费者普遍关心的押金和预付金存管等问题,约谈了摩拜、ofo、永安行、优拜、哈罗单车、拜客出行、小蓝等7家共享单车企业。12月12日,中国消费者协会向酷骑共享单车公司及相关责任人发出公开信,要求酷骑公司法定代表人和股东承担责任并向消费者道歉。

● 各方观点

免押金是共享单车发展的趋势

免押金是行业大势所趋,此举不仅能让更多用户免除后顾之忧,得到好的骑行体验,也能降低用户尝试新鲜事物的门槛,保持用户量稳定增长。

——2017年12月8日《工人日报》(作者:陈音江)

挪用共享单车押金侵害消费者诸多合法权益

酷骑公司大量挪用消费者押金,已严重违反消费者权益保护法、合同法等相关规定,也违反《关于鼓励和规范互联网租赁自行车发展的指导意见》等相关要求,侵害了消费者财产安全权、知情权、选择权、公平交易权等合法权益。

——2017年12月13日《检察日报》(作者:张国栋)

解决单车押金难退问题,需要部门合力

共享单车企业作为社会公共交通的参与者,如不对其收取的押金进行有效监管,必将损害社会公共利益。而要解决上述问题,不能光让消协吆喝。司法部门可以进行公益诉讼,监管部门可以约谈单车企业,地方政府也可以代表本地消费者对单车企业施加压力。合力解决之后,还要尽快出台全国性法规,让投放共享单车的地区都能依照规范。

——2017年12月13日《法制晚报》(作者:丁慎毅)

10 学生跑步取暖：政绩与民生哪个更重要？

图片来源：中青在线

● 事件回放

　　2017年12月5日《中国青年报》报道，河北省保定市曲阳县近日最低气温一直在零摄氏度以下，当地采暖季已开始近20天，但该县多个乡村小学至今还没有供暖，有的学生已被冻伤。因为太冷，学校只好尽量安排学生在有阳光的室外上课，有的老师只好带着学生去操场跑步取暖。

　　对于为何迟迟没有供暖，曲阳县教育局一位负责人接受采访时表示，因为今年曲阳县所有学校的供暖进行"煤改电"改造，但工程没有按时完工，所以就出现了部分小学未能供暖的状况。而《2017年曲阳县教育局学校"煤改电"设备采购与安装项目招标公告》显示，该项目开标时间是10月12日，此时距离供暖日（11月15日）仅有一个月零三天的时间。

● 事件影响

　　报道引起多方关注。曲阳县委宣传部相关负责人称，12月5日下午3时，此前未供暖的11所小学采用清洁煤供暖等方式实现了临时供暖，6日下午6时后，将实现煤改电供暖；县纪委12月4日下午已就11所学校未供暖的问题成立专项调查组，追究相关人员责任。

　　河北省教育厅也于12月5日发布通知，要求各市教育行政部门对辖区内中小学冬季取暖工作进行全面检查。对于因冬季取暖造成严重问题的，要严肃查处，并追究有关单位和人员的责任。

　　在12月6日举行的教育部新闻发布会上，教育部新闻发言人表示，教育部已关注到媒体报道的北方某些地方中小学未供暖,国务院教育督导委员会办公室已要求地方尽快解决中小学供暖问题,"孩子们的事情没有小事",希望地方政府和学校真正将学生冷暖放在心上。

12月7日,环保部发布消息称,已向京津冀及周边地区"2+26"城市下发《关于请做好散煤综合治理确保群众温暖过冬工作的函》特急文件,提出坚持以保障群众温暖过冬为第一原则,"进入供暖季,凡属没有完工的项目或地方,继续沿用过去的燃煤取暖方式或其他替代方式"。

● 各方观点

要让群众感受到政策的温度

作为环保改造的一部分,"煤改电"是必要的,这同样也是惠及民生的大事,但这项工作的安排推进,始终不能偏离基层群众的基本需求。到底是"以人为中心"还是以达成政绩为中心,值得相关部门深思。

明明可以预见学生受冻的情况,明明知道供暖季到来时难以完工,却依然匆匆忙忙地把乡村小学的燃煤炉子拆除了,这只能说明在当地相关部门眼里,有些事情比小学生冬季取暖更加重要。"煤改电"之所以匆忙上马,恰恰是因为环保政策的执行者把完成上级安排的任务放在了第一位,使政绩需求凌驾于民生诉求之上。如此冷冰冰地执行政策,恐也会让人对政策本身的善意产生怀疑。

政策的执行者,不是目标单一的、冷冰冰的机器,在开展各项工作时,要让群众感受到政策的温度。

——2017年12月6日《齐鲁晚报》(作者:娄士强)

不让孩子挨冻事件再发生

作为减少大气污染的举措,"煤改电""煤改气"等势在必行,这是件好事,群众也是欢迎和支持的。然而,当上述目的实现以孩子和百姓挨冻为代价的时候,有关部门必须反思:好事为何没办好?

这一事件暴露出来的问题远不止于此。本来以为,改造没完成,挨冻是孩子唯一选择,没想到还能"临时供暖",而且可以这么迅速。那么,之前未采取"临时供暖"避免孩子挨冻,又是因为什么?对决策部门来说,无非两个原因:第一,对孩子挨冻的事情不知情,至少不知道情况那么严重;第二,知情,却未采取补救措施。无论哪种可能,都暴露了相关部门、人员工作上的缺失。

一篇报道引发如此大反响,可见媒体的力量,但我仍想提醒,一件事,当它被媒体"盯上"的时候,也往往意味着伤害已经发生。避免孩子挨冻事件再发生,需要媒体监督,更有赖于相关职能部门平时工作做细做实。

——2017年12月7日《检察日报》(作者:李曙明)

2017

中国法治新观察

财经篇

——在法治轨道上

2017

中国法治和改革

01 社保基金责权利明晰：
养老金管理公司将择机组建

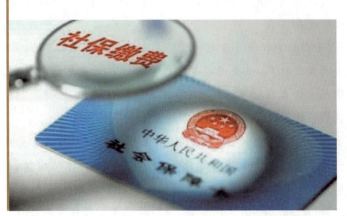

资料图片

● 事件回放

国务院印发《划转部分国有资本充实社保基金实施方案》。其中，对于承接主体，《实施方案》指出，划转的国有股权是基本养老保险基金的重要组成部分。划转的中央企业国有股权，由国务院委托社保基金会负责集中持有，单独核算，接受考核和监督。条件成熟时，经批准，社保基金会可组建养老金管理公司，独立运营划转的中央企业国有股权。

"从方案的字面意思看，试点初期，划转的中央企业国有股权少，由社保基金会代管；一旦划转的中央企业国有股权多了，经批准可组建养老金管理公司，独立运营划转的中央企业国有股权。"社会保障专家、北京化工大学文法学院教授刘昌平在接受《证券日报》记者采访时表示，监管部门对于养老金管理公司的责任义务等具体内容还需要研究。地方与中央的责权、事权、边界划分明晰，是养老金管理公司成立的基本条件。

刘昌平强调，组建养老金管理公司应该考虑的是怎样管理股权资产和可能的债权资产，如参与公司治理，资本运作等。

中国劳动和社会保障科学研究院院长金维刚认为，划拨国有资本充实社保资金，主要是解决国有企业职工基本养老保险制度初期遗留的已经参加工作的企业员工没有缴费而视同缴费形成的缺口问题，有利于实现养老保险制度的可持续发展，为应对未来我国进入人口老龄化高峰时期养老保险基金支出压力不断增大而做好战略储备。

● 事件影响

《实施方案》规定,社保基金会及各省(区、市)国有独资公司等承接主体,主要作为财务投资者,对划转的国有资本实施资本管理和收益管理。在持股管理方面,承接主体不干预企业日常生产经营管理,一般不向企业派出董事。在收益获取方面,主要收益来源于股权分红,除国家规定须保持国有特殊持股比例或要求的企业外,承接主体经批准也可以通过国有资本运作获取收益。

根据《全国社会保障基金投资管理暂行办法》,我国社保基金采用信托管理模式,社保基金理事会作为受托人,主要通过直接投资和委托投资相结合的方式进行管理。其中,直接投资由社保基金会直接管理运作,主要投向银行存款、信托贷款、股权投资、股权投资基金、转持国有股和指数化股票投资等,股票投资比例不得高于40%。

随着《实施方案》落地,可以预期,未来社保基金的可投资资金量将不断增厚,社保基金可以进一步发挥其资本管理的专业优势,实现资本的保值增值,壮大社会保障战略储备。从地方层面看,国有资本投资运营公司将在公共资金增值服务方面扮演更积极、更重要的角色,通过"融、投、管、运"的联动发展,推动持股企业股权结构优化,提升国有资本运营效率和效益。

● 各方观点

武汉科技大学金融证券研究所所长董登新:目前全国社会保障基金理事会只是一个单一的受托机构,尚无投资运营功能,基金投资仍依赖第三方专业托管。

——2017年11月20日《证券日报》

中国人民大学公共管理学院教授李珍:这表明政府对养老保险基金的"暗补"变成了"明偿",将有助于社保制度实现十九大报告所提出的"权责清晰"的目标。只有在偿还转制成本的前提下,才能要求养老保险制度去自求平衡。

——2017年11月20日《第一财经日报》

02 快递业掀涨价风：
或为行业洗牌奠定基础

资料图片

🔴 事件回放

年年"双十一"，2017不一样。在"双十一"前，各大快递公司先于各大电商抢得头筹争当主角，他们都不约而同地作出了一个举措——涨价！

继中通快递和韵达速递宣布调整快递价格后，网传一份《关于圆通网络旺季市场提价的通知》截图，但圆通官网仍未挂出调价的官方消息。圆通公关部则回应称，"原则上不涨"，对网传的调价截图也未置可否。而顺丰方面则表示暂不打算跟进，申通快递方面则表示："不排除涨价可能。"

一名中通快递的快递员接受证券时报记者采访时表示，公司的确已经下发了涨价的通知，但具体涨多少、什么时候执行还不知道，还需要一点时间。而顺丰速运一名快递员对涨价一事并不知情，表示公司没有下发任何相关文件，而且有的地方快递价格不涨反降。

事实上，快递宣布涨价似乎早有端倪。早在2017年5月，圆通、申通、中通、韵达、百世汇通、天天快递等6家加盟制快递公司就联合发布《关于全网派费调整的通知》，要求所有派件网点的派件费在原有基础上上调0.15元/票，实施时间均为6月1日。但这次调价主要涉及快递员工资收入，对消费者需支付的快递费用并无影响。

但此次中通、韵达两家快递公司的涨价与此前性质不同。一名韵达速递内部人士接受媒体采访时表示，此次调价是内部通过对加盟商的中转费、面单费、退费等机制来作调整，加盟费暂不做改变。例如，总部将货品拉到中转中心，每单收取加盟商的中转费可能调高。而加盟商面向消费者是否调价，则是加盟商自己的选择，不属于总部干涉范畴。

然而，顺丰和圆通表示暂时不参与本次涨价。对此，快递业内人士吴先生对记者分析，顺丰主要走的是高端路线，定价较一般的快递要高，而其他快递公司大多走的是低价抢占市场占有率的路线。在快递行业大发展的浪潮下,越来越多的快递公司投入大量的资金购买运输设备提升运输效率,走的都是重资产路线,这使得部分快递公司需要提高产品价格面对成本上涨和资金压力等。

● 事件影响

关于涨价的原因,两家公告涨价的快递公司都提到了受运输成本增加、人工成本提升、原材料价格上涨等多种因素影响。对此,快递物流咨询网首席顾问徐勇表示,人工成本是诸多成本中上升最多的,特别是"双十一"需要员工加班和雇用临时工,这或许也是多家公司都选择在"双十一"之前涨价的原因。

"行业价格本身就不高,长期以来已经压制很久了,一直都想涨价的。"业内人士邓先生告诉记者,两年前,快递业内也曾经掀起一轮涨价的舆论,但市场反弹较大,最终还是终止了试水。但随着市场趋于稳定,几家龙头快递公司先后上市,行业集中度进一步增强,议价能力就上升了。"2018年或将是行业的洗牌年,通过调价可以为行业营造一个良好的质量基础和市场环境。"

万联网相关负责人则认为,快递行业跟很多行业类似,也进入到了同质化竞争严重的行业成熟期,面对日益加重的同质化竞争,运营成本居高不下、毛利率过低等问题,快递企业选择以价格调整的方式来缓解压力、梳理品牌差异,属意料之中。但是调整价格只是冰山一角,其背后是快递公司升级品牌、择选优势领域并开拓新市场空间的战略布局。

● 各方观点

中国物流学会特约研究员杨达卿:在整个价格调整信息公告中可以看出,无论是中通还是韵达都没有特别明确提出涨价幅度,而且中国的消费群体是一个价格敏感性群体,所以在涨价过程中,快递公司会顾虑这样会不会带来客户的流失。

——2017年10月13日《广州日报》

北京志霖律师事务所律师赵占领:快递费实行市场调节价,并非政府指导价,对企业调价行为通常很难规范。但可密切关注几家快递企业是否存在联合提价的行为,如果联合提价则涉嫌价格垄断,如果没有串通,上调就属于正常的市场行为。除此之外,还可关注企业是否存在价格欺诈等违法行为。

——2017年10月12日《华商报》

03 北京征收环保税：促产业转型升级

资料图片

🔴 事件回放

北京市十四届人大常委会第四十二次会议决定，北京应税大气污染物适用税额标准为12元/污染当量；应税水污染物适用税额标准为14元/污染当量，统一按法定幅度的上限执行。

环境保护税法经全国人大常委会审议通过，于2018年1月1日起施行。根据环境保护税法第六条、第九条的规定，北京市应税大气污染物和水污染物环境保护税适用税额由市人民政府在环境保护税法规定的税额幅度内提出，报市人大常委会决定。

🔴 事件影响

北京市财政局解释，本次环境保护税改革，北京确定执行法定幅度上限的税额标准，主要有三方面考虑：

一是有利于解决突出环境问题。《北京城市总体规划》（2016年—2035年）提出，到2020年北京大气中细颗粒物（PM2.5）年均浓度，由现状80.6微克/立方米下降到56微克/立方米左右，到2035年大气环境质量得到根本改善；到2020年重要江河湖泊水功能区水质达标率由现状约57%提高到77%，到2035年达到95%以上。

北京市财政局相关负责人表示，面对环境治理的艰巨任务，应充分发挥地方税收调节职能作用，从高制定北京环境保护税税额标准，实行最严格的生态环境保护制度。

二是有利于促进产业转型升级。2016年，北京排污费收入6.13亿元，但大气污染治理投入达165.6亿元，水资源保护投入达176.6亿元。排污收费金额远低于环保投入，难以体现"谁污染、谁治理"的原则，从高制定北京环境保护税税额标准，有利于强化排污者责任。

　　三是有利于优化首都功能定位。结合北京环境承载能力、污染物排放现状和经济社会生态发展目标要求，按照法定幅度上限确定税额标准，与首都功能定位和发展需要相符。

　　北京市人大常委会财政经济办公室建议，要完善财税配套制度，合理确定环保税收入市区分享机制和专项转移支付制度，科学编制环保等部门预算，有效保障环保资金的支出规模，进一步提升资金使用绩效。

●各方观点

　　财政部税政司司长王建凡：环境保护税法的制定，一个重要的原则就是实现收费与征税制度的平稳转换。考虑目前我国经济下行压力较大，企业生产经营较为困难，此次费改税将以征收制度为基础实行平移。

——2017年12月5日中国环境网

　　国务院发展研究中心资源与环境政策研究所副所长李佐军：实施费改税，可以更好地发挥税收的威力，而且税收更加权威、规范和稳定。不同地区不同行业实施不同的税率，能有效达到优化调节的作用，对污染重的企业多征收，对污染轻的企业少征收，对没有污染的企业不征收，这样就可达到一种奖优罚劣的效果。

——2017年12月9日《经济观察报》

04 租房政策愈加完善：
开启住房租赁新时代

资料图片

🔴 事件回放

　　2017年9月29日，北京市住房城乡建设委会同北京市发展改革委、市教委、市公安局、市规划国土委、市卫生计生委、市工商局、中国人民银行营管部发布了《关于加快发展和规范管理本市住房租赁市场的通知》。这份被称作租房新政的《通知》正式实施，由此，北京市住房租赁监管平台和服务平台也同步上线运行。

　　各区住房城乡建设部门的网签服务窗口已经启动，为住房租赁当事人提供住房租赁登记备案服务工作。据了解，在租赁有效期内的合同都可以备案，自行成交的租赁双方可以到区县服务窗口办理备案，或者到中介协会会员单位设置的便民服务点办理。各部门将会根据登记备案信息，依法为租赁当事人办理公租房租金补贴、适龄子女接受义务教育、户口登记和迁移、申请居住登记卡或申领居住证等公共服务事项。

　　平台按照"1+N"的模式建立，"1"是指监管平台，由北京市住房城乡建设委牵头搭建，通过相关政府部门的信息共享和数据集成，完成主体认证、房源查验、合同备案等工作；"N"即服务平台，是指市场服务主体建立的住房租赁网络交易平台，通过数据接口与监管平台对接，运用互联网大数据、云计算和人工智能技术等，为百姓提供租赁信息发布、网上签约、登记备案申请、资金监管、市场主体信用信息查询、信用评价等服务。

● 事件影响

为方便百姓专门设立了接口,供出租、承租方自行上传信息。承租方可在任意的多个服务平台上,查询匹配自己需要的信息内容,强化了房源真实核验、交易的资金监管,从而确保交易安全;为百姓提供了一站式的网上备案服务,实现让信息多跑路,百姓少跑腿。还将鼓励各服务提供商陆续提出各种创新服务、特殊服务。鼓励企业创新、提升服务质量和用户体验,比如拟实现人脸识别、指纹、声纹服务,提高交易房源的真实性、准确性;拟推出信用租房、房屋安全事故保险等服务;承租人在需要享受政府赋权时应及时进行网络登记备案。

监管平台与服务平台分开管理,统一信息接口和数据格式,形成大数据。在监管平台的使用管理中,其权力在政府主管部门,监管平台不属任何一家服务提供商,所有个人信息交易记录,政府将建立严格保密制度。除去不能公开的相关信息外,政府将提炼市场数据和分析结果,向社会公开披露。任何个人或服务企业均不能占有和利用最原始的交易信息和交易记录,租赁服务平台则分属于各个服务提供商,各家的服务内容可以互不关联,除按政府要求的上传数据外,政府鼓励创新竞争,政府对于各家的服务平台数据只用于市场信息的收集、发布和动态监管,不会向社会其他第三方提供。

● 各方观点

麦田房产市场研究部高级经理张叶松:《通知》明确规定了对外出租住房的条件,保障承租人权益。除了建筑结构和设备设施符合建筑安全、消防等方面的安全要求外,出租住房还要满足基本使用功能,包括以原规划设计为居住空间的房间为最小出租单位,不得改变房屋内部布局分割出租;厨房、卫生间、阳台、储藏室等不宜居住的空间不得出租用于居住;人均居住面积不得低于本市规定的标准。

——2017年11月24日《北京晨报》

北京市房协秘书长陈志: 出台加快住房租赁发展的新政,目的就是贯彻和落实中央和国家的相关要求,建立购租并举的住房制度,规范住房租赁行为,保护租赁当事人合法权益。发展和规范住房租赁,是建立房地产发展长效机制之一,无论是从近期推出的共有产权住房,还是此次住房租赁新政,都是北京逐步建立房地产发展长效机制的具体举措。

——2017年9月29日澎湃新闻

05 乐视危机爆发：剧情仍在发酵

资料图片

● 事件回放

　　从初创到巅峰，再到惨败，乐视走完了一个企业过山车式的大起大落，从起家到上市，用了六年；而从辉煌到崩塌只用了一年多。

　　乐视生态圈危机早于2016年下半年就已经彰显，乐视拖欠开发商巨款的负面消息一度引发乐视股价遭遇重挫，两天之内市值蒸发近80亿，同时还有乐视金融的支付牌照面临收购的问题。

　　2017年1月13日，贾跃亭引融创中国的150亿投资，以股权转让的方式来拯救乐视告急的资金链。乐视深陷"泥潭"太久，150亿的投资并不足以覆盖诸多"创伤"。

　　2017年5月，贾跃亭辞任乐视网CEO；2017年7月，贾跃亭辞任乐视网董事长。之后，他远遁美国去运营法拉第未来，潜心造车。

　　2017年7月3日，贾跃亭夫妇名下家产与3家乐视系公司共计12.37亿资产遭司法冻结。第二天据乐视网公告，贾跃亭持有的5.19亿股上市公司股份，再遭法院冻结，时限为自冻结之日起三年。

　　2017年7月21日，融创中国董事会主席孙宏斌当选为乐视网董事长。同时，乐视网大批高管更换，真正意义上完成"大换血"。

　　2017年9月27日，乐视发布公告将其改名为"新乐视"，孙宏斌时代的乐视网，由此率先从标签打开了新篇章。接下来，新乐视不再广泛涉猎，而改为深度聚焦，集中锁定在乐视视频、电视、云平台和影业上。这意味着贾跃亭最为津津乐道的乐视生态已经失败。

　　2017年10月28日，乐视网披露2017年三季报，公司净利润亏损16.52亿元。基金公司开始了新一轮的调价，将乐视网股价的估值普遍调至7.5元/股左右。

　　2017年12月4日，方正证券发布诉讼公告称，因乐视网副董事长刘弘和原财务总监杨丽杰拒绝提前购回在质押的乐视网股票,涉及金额高达1.92亿元,方正证券已向法院申请强制执行,长沙中院近期已受理。

2017年12月7日,乐视网发布公告,因不履行对乐视的借款承诺,北京证监局对乐视网曾经的掌舵人贾跃亭,及其姐姐贾跃芳采取行政监管措施,责令改正。

贾跃亭因违反财产报告制度,于2017年12月11日被列入失信被执行人,执行法院为北京市第三中级人民法院。

2017年12月15日,乐视网发布公告称,公司董事会同意聘任刘淑青为公司总经理,同时变更公司法定代表人为刘淑青。

2017年12月25日,北京证监局发布通告,责令乐视网前任董事长贾跃亭于2017年12月31日前回国,切实履行公司实际控制人应尽义务,配合解决公司问题,稳妥处理公司风险,切实保护投资者合法权益。

● 事件影响

乐视网是创业板十大权重股之一,也曾是A股市场新经济公司的旗帜。负面消息不断的乐视网,不但让持有股份的投资者备受煎熬,也让创业板甚至A股市场处于疑虑。对于这样一家举足轻重的公司,所有人都希望它尽快重入正轨。但在IPO是否涉嫌造假、关联交易等问题有一个明确说法之前,资金估计也不敢贸然进入,其资产重组也难以有实质进展。在没有实质利好的情况下,新乐视也很难贸然复牌。

● 各方观点

财经评论人朱邦凌: 对于如今的乐视危机,倘若以为靠"钱"可以解决,未免天真了。8月下旬,乐视的股票再被质押,不过,这次的主角不是贾跃亭,而是"不差钱"的融创中国。如此来看,融创借给乐视致新和乐视网17.9亿,对乐视来说更可能是杯水车薪。乐视的病灶远比资金链问题严重得多。

——2017年11月21日《新京报》

财经评论人熊锦秋: 事实上,即便乐视网此前正常经营,其业绩也难以支撑虚高股价及市值,投资风险可见一斑。基金投资若发生亏损,亏的是基民的钱、而不是基金经理或基金公司的钱,这极易滋生道德风险、利益输送等问题。为此,既需要在基金层面完善基金治理机制,充分利用基金份额持有人大会这一平台,发挥基民对基金公司的约束力;也要完善基金公司的治理机制,对违法违规基金经理予以惩戒。没有制度反思,没有对违规的清算,悲剧或将再度上演。

——2017年11月16日《新京报》

06 聚焦企业家精神：
让干事者有大发展大担当

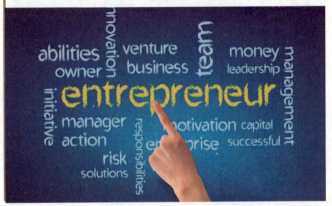

资料图片

🔴 事件回放

　　2017年9月25日，《中共中央国务院关于营造企业家健康成长环境弘扬优秀企业家精神更好发挥企业家作用的意见》（以下简称《意见》）正式公布，要求依法保护企业家财产权，建立企业家个人信用记录和诚信档案，构建"亲""清"新型政商关系。这是中央首次以专门文件明确企业家精神的地位和价值。《意见》从营造依法保护企业家合法权益的法治环境、营造促进企业家公平竞争诚信经营的市场环境等9个方面提出了27条具体措施，营造企业家健康成长环境，弘扬优秀企业家精神，更好发挥企业家作用。

　　《意见》围绕弘扬企业家创新发展专注品质追求卓越的精神专门提出了三条意见，其中特别指出要支持企业家创新发展。具体措施包括：提升企业家科学素养，发挥企业家在推动科技成果转化中的重要作用；吸收更多企业家参与科技创新政策、规划、计划、标准制定和立项评估等工作，向企业开放专利信息资源和科研基地等。

　　"激发和保护企业家精神"被写入党的十九大报告。

　　事实上，党的十八大以来，习近平总书记多次强调要弘扬和激发"企业家精神""让企业家有用武之地"。中共中央、国务院2016年5月印发的《国家创新驱动发展战略纲要》指出"创新型企业家群体亟须发展壮大"，号召"大力倡导企业家精神，树立创新光荣、创新致富的社会导向，依法保护企业家的创新收益和财产权，培养造就一大批勇于创新、敢于冒险的创新型企业家"。2017年4月18日下午，习近平总书记主持召开中央全面深化改革领导小组第三十四次会议，审议通过了《关于进一步激发和保护企业家精神的意见》。

事件影响

中央提出弘扬企业家精神,实际上是再次宣示对企业家群体的保护与呵护,非常有必要。

相较于以往更多提到企业家对市场经济的意义,《意见》的亮点是强调弘扬企业家精神,这是对企业家群体新的肯定与鼓励。这种被弘扬的精神,也被视为一种主流精神,是值得肯定和学习的。

企业家精神的核心是创新,是经济学家所说的"创造性破坏"。所以弘扬企业家精神,就是对创新者最好的褒奖和鼓励。

接近四十年的改革开放当中,中国企业家以自己的创新精神,发现、创造市场,将新技术应用于现实,最终完成市场的经济变革。中国经济如此快速增长离不开企业家精神。一个又一个熠熠生辉的企业家名字,是我们这个时代当之无愧的领航者。

各方观点

北京大学法学院教授常鹏翱:《意见》特别提到了要加快建立依法平等保护各种所有制、知识产权的长效机制,我想通过这一点,实际上就是有一个非常明确的导向,就是要保护企业家的财产权,通过保护企业家的财产权来达到有恒产者有恒心的基本目标。

——2017年9月26日央视网

很长一段时间以来,中国的许多企业家一直被认为在创新上多有不足,习惯于抱残守缺、得过且过。此次《意见》的出台,从制度上保护、呵护企业家精神,从而能够激发整个社会创造、创新的活力。

——2017年9月26日《新京报》社论

07 现金贷监管落地：
行业走向理性健康

资料图片

● 事件回放

2017年以来，现金贷越来越受到社会关注，监管风声越来越紧。2017年4月10日，银监会首次点名"现金贷"，银监会发文要求做好"现金贷"业务活动的清理整顿工作，现金贷监管提上议程。

2017年9月，央行副行长易纲、央行行长助理刘国强都在金融论坛上公开强调，"凡是搞金融都要持牌经营，都要纳入监管"。而在趣店事件之后，央行有关部门负责人在"2017首届中国互联网金融论坛"上再度强调，包括"现金贷"在内的所有金融业务都要纳入监管。

2017年11月21日晚间，互联网金融风险专项整治工作领导小组办公室发布《关于立即暂停批设网络小额贷款公司的通知》。该通知称，自即日起，各级小额贷款公司监管部门一律不得新批设网络（互联网）小额贷款公司，禁止新增批小额贷款公司跨省（区、市）开展小额贷款业务。

2017年11月23日，央行、银监会联合召开网络小额贷款清理整顿工作会议，17个批准小贷公司开展网贷业务的省市金融办参会。11月24日，中国互联网金融协会下发《关于网络小额现金贷款业务的风险提示》。

2017年12月1日，互联网金融风险专项整治、P2P网贷风险专项整治工作领导小组办公室正式下发《关于规范整顿"现金贷"业务的通知》，明确统筹监管，开展对网络小额贷款清理整顿工作。此通知明确界定了现金贷的特征，即无场景依托、无指定用途、无客户群体限定、无抵押等行业特点。

2017年12月2日，央行副行长潘功胜对《关于规范整顿"现金贷"业务的通知》进行了官方解读，潘功胜表示，下一步监管部门正在考虑修订此前运行多年的小贷公司监管规则；不同业态的金融市场应该具有相当的公平性,网络小贷的业务面向全国,而管理却是地方金融机构,存在严重监管套利。

银监会网络借贷风险专项整治工作小组办公室于2017年12月8日印发《小额贷款公司网络小额贷款业务风险专项整治实施方案》,决定严格网络小额贷款资质审批,规范网络小额贷款经营行为,严厉打击和取缔非法经营网络小额贷款的机构,并要求2018年1月底前完成摸底排查。

● 事件影响

监管政策落地后,对于现金贷平台而言,凭借高利率来覆盖高逾期、赚取高额利润的时代将终结。业内专家分析认为,等待现金贷平台的,是市场的淘汰、转型或合作持牌。

对涉及现金贷业务的P2P平台而言,继转型小额标之后,高利率的现金贷业务也将受到限制,行业空间进一步被压缩。总体上看,现金贷的风口已经落幕了,而那些此前坚守场景分期、坚守低利率模式的平台,将在行业分化中占据更大的优势。

对于没有牌照的平台,存在暴力催收、高利率、利滚利等不良平台,已被监管层定义为非法经营,未来将会被清退。而对于有了一定规模和知名度的平台,业务模式和牌照上不够完备的话,应该尽快持牌,通过合作方式符合监管规定,对于这些机构来说转型是最大的问题。

● 各方观点

中国互联网金融协会战略研究部负责人、互联网金融标准研究院副院长肖翔:相信随着相关规范整顿和监管政策的落地实施,行业"害群之马"将被加速清理,"劣币驱逐良币"的乱象将被遏制,相关业务活动将进一步规范并在依法合规的前提下发挥应有的功能作用。

——2017年12月3日《中国证券报》

中国不良资产行业联盟首席经济学家盘和林:新规所调整和规范的对象非常明确,并非"一刀切"政策。《通知》专门针对部分网络小额贷款公司进行了明确:根据不同情况分别提出暂停批设、重新核查、逐步限期完成整改的要求。进一步加强对网络小贷公司的规范,让其回归初心,更好为区域经济、为实体经济服务,并不是把小贷公司全部关门。

——2017年12月12日搜狐网

08 美国发起"301调查"：
不只对中国不利

资料图片

● 事件回放

美国政府高级官员2017年8月12日在电话吹风会上说,美国总统特朗普将签署行政备忘录,指示美国贸易代表莱特希泽决定是否就所谓"中国不公平贸易行为"发起调查,尤其针对中国在技术转让等知识产权领域的做法。此举被认为是对中美贸易关系的重要考验。对此,中国外交部发言人华春莹8月14日回应称,在中美经贸交流日深,在你中有我,我中有你的紧密格局下,打贸易战没有前途,没有赢家,只会双输。

美国总统特朗普8月14日签署行政备忘录,授权美国贸易代表莱特希泽审查所谓的"中国贸易行为",包括中国在技术转让等知识产权领域的做法。

美国贸易代表莱特希泽8月18日宣布,正式对中国发起"301调查"。美国动用这一有违世贸组织规则的单边主义法律武器受到中方反对。美国贸易代表办公室当天发表声明说,将调查中国政府在技术转让、知识产权、创新等领域的实践、政策和做法是否不合理或具歧视性,以及是否对美国商业造成负担或限制。

中国商务部新闻发言人表示,望美国遵守对世贸规则的承诺,若美方不顾事实采取举动,中方将采取所有适当措施,坚决捍卫中方合法权益。这位新闻发言人还强调,美方应该严守承诺,不要成为多边规则的破坏者。

根据法律程序,在正式发起调查后,美国将首先与中国政府进行磋商,调查程序可能长达一年。

当地时间10月10日,美国贸易代表办公室就此项调查举行公开听证会,来自中美商会、企业、律所和学界的10多位代表发言。

这也是"301调查"后的首个听证会。美国中国商会副会长Erin Ennis、美国知识产权委员会代表、国际机械与航空委员会等美国商界代表向美国贸易委员进行了陈述。

多名中国商会和律所代表在听证会上表示,近年来中国知识产权保护状况已明显改善,美方在"301调查"中对中国提出的多项指控不实,反对美方对中国发起这种单边主义贸易调查。

根据听证会记录,整个4个小时的会议分为四个部分:中方商界陈述以及三组不同美国商会代表的分组讨论。

事件影响

美国对华启动"301调查"不会带来任何积极的结果,一旦引发贸易报复措施,美国企业利益也将受损。国际金融协会发布的一份报告指出,一旦美国和中国之间发生贸易战,不仅会损害中国企业利益,而且会损害上游供应商和下游分销商,如美国零售商的利益。

美国的举动也不会利好美国消费者。美中贸易全国委员会曾发布的一份报告显示,中国商品出口到美国,使美国物价水平降低了1至1.5个百分点。2015年,中美贸易可帮助一般美国家庭一年平均节省850美元以上。

美方发动贸易战,将对全球贸易都会带来负面影响。这是一个全球价值链合作的时代,一件产品的原材料和组装往往在不同国家完成,中国会从很多国家进口中间品和原材料,若发生贸易战,这些关联国家也会受到影响。专家还提醒,要警惕美国"301调查"带来的连带效应,谨防其他国家参照美国提出相应法案,让中国陷入更大的被动。

各方观点

南方日报评论员丁建庭:从根本上说,中美利益交融日深,双方已形成"你中有我、我中有你"的紧密合作格局,任何贸易保护主义做法必将损害双边经贸关系及双方企业利益,美国不可能独善其身。即便特朗普政府一意孤行,在调查结束后对华实施贸易制裁,中方也有足够的能力进行反制。

——2017年8月22日《南方日报》

美国白宫贸易顾问、彼得森国际经济研究所高级研究员查德·鲍恩:美国政府使用一项过时、单边的美国贸易法条款对华启动"301调查",其代价是巨大的,只会让美中贸易情况更加糟糕。外界对于特朗普上任以来采取一系列措施破坏以规则为基础的贸易承诺和几十年来建立国际合作的努力早有微词,而启动"301调查"则提供了更多"燃料"。政府在"301调查"中充当了多重角色:充当警察,确定外国政府的罪行;充当检察官,提出法律论据;充当陪审团,裁决证据;充当法官,判处外国对美国进行报复性处罚。这是存在严重问题的。如果美国政府想要合法解决对华贸易的不满,应促成与中国达成一项新的、可执行的长期贸易协议。

——2017年8月20日《人民日报》

09 A股纳入MSCI：是机遇亦是挑战

资料图片

●事件回放

2017年6月21日，中国A股正式被纳入摩根士丹利资本国际公司（MSCI）新兴市场指数和全球基准指数（ACWI），连续四年"闯关"终获突破。作为中国资本市场对外开放的又一个里程碑，尽管A股国际化前路并非坦途，但前景乐观可期。

MSCI在当天发布的公告中表示，计划初始纳入222只大盘A股，基于5%的纳入因子，这些A股约占MSCI新兴市场指数0.73%的权重。MSCI计划分两步实施这一计划，第一步预定在2018年5月半年度指数评审时实施；第二步计划在2018年8月季度指数评审时实施。

MSCI表示，由于中国内地与香港互联互通机制取得积极进展，且中国交易所放宽了对涉及A股的全球金融产品进行预先审批的限制，此次纳入A股的决定在MSCI所咨询的国际机构投资者中得到广泛支持。

MSCI宣布于2017年10月24日凌晨发布纳入A股的指数MSCI China A Inclusion Indexes。

同时，MSCI为纳入A股推出细化版的时间表，现有MSCI中国A股指数2018年将重命名，改名为MSCI中国A股在岸指数。此外，2018年还将发布新的MSCI中国A股指数。业内人士认为，这意味着，A股纳入MSCI指数进入"模拟盘"阶段。

● 事件影响

自2013年开始,中国尝试加入MSCI指数系列的过程极大地促进了中国资本市场自身的改革,推进了A股市场与国际市场接轨。

短期看,A股"闯关"成功会给国内市场带来一定增量资金。据瑞银预计,将有80亿美元至100亿美元追踪新兴市场指数的资金被动流入A股。和A股约700亿美元的日成交额和约8万亿美元总市值相比,资金流入规模有限,但市场信心有望得到提振。

长期而言,与MSCI互动,对于A股的国际化进程是一个重要契机。未来海外投资者的参与度将提升,A股在机制上和制度上也将逐步走向完善,在MSCI指数中的占比有望进一步升高。

作为全球最具影响力的指数和全球第二大市值股票市场,A股纳入MSCI将改善中国股市在全球基准指数中代表性"严重不足"的局面,MSCI指数也将由此更加完整。

● 各方观点

德意志银行(中国)有限公司副行长李民宏:中国A股纳入MSCI指数为世界金融市场拉开崭新篇章,将对国际投资走向产生深远影响。国际资本加大对A股市场的投资将成为中国资本市场持续发展的催化剂。同时,国际投资者也将受益于中国这个世界第二大经济体的稳健增长。A股纳入MSCI指数是国际市场对中国股票作为全球可配置资产的重要认证。今后,海外投资者将更广泛、更深入参与到中国市场投资,同时也有助于推动人民币国际化进程。

——2017年6月21日新华网

武汉科技大学金融证券研究所所长董登新:MSCI虽然程序上决定明年将A股纳入MSCI指数,但也对A股市场提出了亟待改进的要求。众所周知,市场化、法治化是国际化的坚实基础和前提条件。没有扎实的市场化与法治化,国际化就是十分空虚而艰难的。反过来讲,国际化水平的提升,又是一国市场成熟与发达程度的标杆。

——2017年6月21日新浪财经

2017

中国法治蓝皮书

文化篇

——法眼静观文化

2017

中国法治蓝皮书

- ■ 01.中国特色社会主义文化写入党章：
  彰显文化自信和道路自信

- ■ 02.电视收视率与电影票房的冠军：
  主旋律题材现象级作品频出

- ■ 03.2017成文化综艺节目元年：
  《见字如面》《朗读者》《国家宝藏》霸屏

- ■ 04.《白夜追凶》被 Netflix 买下海外版权：
  网剧崛起的力量

- ■ 05.鼓浪屿、可可西里申遗成功：
  中国世遗数量排名第一

- ■ 06.阅读，国之大事，民之大事：
  立法推进全民阅读和公共图书馆事业

- ■ 07.《王者荣耀》被批曲解历史误导学生：
  网络游戏强势发展中备受争议

- ■ 08.未被关押的罪恶：
  "恶校"频出，到底在"教育"谁？

- ■ 09.好一朵不美的白莲花：
  给抄袭颁奖是笑不出来的黑色幽默

- ■ 10.高考四十年：
  改变国家命运和社会风气

- ■ 11."广电十四条"：
  整治天价片酬和收视造假

01 中国特色社会主义文化写入党章：彰显文化自信和道路自信

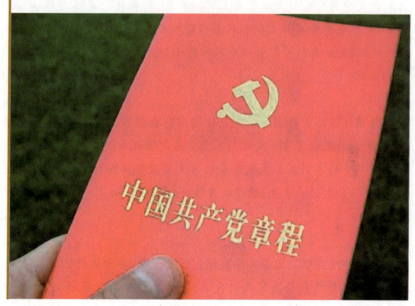

新版《中国共产党章程》。

🔴 事件回放

　　2017年10月24日,中国共产党第十九次全国代表大会通过关于《中国共产党章程(修正案)》的决议,大会同意把中国特色社会主义文化同中国特色社会主义道路、中国特色社会主义理论体系、中国特色社会主义制度一道写入党章。大会认为,中国特色社会主义文化是中国特色社会主义的重要组成部分,是激励全党全国各族人民奋勇前进的强大精神力量。

🔴 事件影响

　　中国共产党第十九次全国代表大会把中国特色社会主义文化写入党章,将文化的地位和作用提升到一个崭新高度,对于全党深化对中国特色社会主义的认识、全面把握中国特色社会主义内涵具有重要意义,是习近平新时代中国特色社会主义思想的重大理论创新和发展。中国特色社会主义文化写入党章,将进一步激励全体党员高举中国特色社会主义伟大旗帜,坚定道路自信、理论自信、制度自信、文化自信,贯彻党的基本理论、基本路线、基本方略。

● 各方观点

　　中国社会科学院文化研究中心常务副主任、研究员贾旭东：中国特色社会主义文化是激励全党全国各族人民奋勇前进的强大精神力量。中华优秀传统文化、革命文化和社会主义先进文化是中国特色社会主义的文化沃土，文化自信是道路自信、理论自信、制度自信的历史根脉。文化自觉和文化自信体现着中国特色社会主义的文化本质和独特魅力，与道路自信、理论自信、制度自信一起引领中国特色社会主义的发展方向。

——2017年10月21日《光明日报》

　　北京外国语大学国际中国文化研究院副教授、中国文化走出去协同创新中心研究员管永前：中国特色社会主义文化写入党章是新时代重大理论创新。激昂向上的革命文化是中国共产党领导的在新民主主义革命的伟大实践中形成的文化。革命文化是坚守理想信念的文化、充满革命激情的文化、歌颂献身精神的文化。

——2017年10月27日求是网

　　中共中央党校文史部文学室副主任范玉刚：把中国特色社会主义文化写入党章，对于全面把握中国特色社会主义文化内涵，真正理解中国特色社会主义的价值所指，起了重要作用。中国特色社会主义文化成为激励全党全国各族人民奋勇前进的强大的精神力量。

——2017年11月16日宣讲家网

02 电视收视率与电影票房的冠军：主旋律题材现象级作品频出

电视剧《人民的名义》，电影《战狼2》《二十二》。

🔴 事件回放

2017年3月28日，由最高人民检察院影视中心、湖南广播电视台等单位联合出品的反腐题材电视连续剧《人民的名义》在湖南卫视开播。第一天就全线登顶所有收视排行第一，4月23日，CSM52城市网收视率破6，打破了2011年创下最高收视率达到5.23%的《回家的诱惑》的纪录，4月26日，第49集实时收视率破8。截至2017年12月，该剧在网络平台播放次数已突破21亿。

2017年7月27日，军事动作片《战狼2》上映，电影讲述了特种兵出身的男主角在非洲参与援救行动的故事。8月11日该片票房突破40亿元，打破国产电影历史最高票房纪录，最终以56.81亿元票房收官，成功跻身全球TOP100票房影片榜，这也是亚洲电影首次入榜。

2017年8月14日，"慰安妇"题材纪录片《二十二》上映，8月18日票房达到6664万，打破了国内院线纪录片票房纪录，最终以1.71亿元票房收官。

● 事件影响

2017年4月27日,《人民的名义》在 GMIC X 2017非凡盛典上获得互联网时代最具影响力影视作品奖,剧中饰演高育良的张志刚和饰演李达康的吴刚获第23届上海电视节白玉兰最佳男配角奖。《战狼2》获第十四届精神文明建设"五个一工程"优秀作品奖,导演兼主演吴京获第十四届广州大学生电影节最受大学生欢迎的导演和最受大学生欢迎的男演员。《二十二》获第十四届精神文明建设"五个一工程"特别奖,并提名釜山国际电影节最佳纪录片。该片的原版拷贝赠送给南京利济巷慰安所旧址陈列馆,并在馆内循环播放,永久馆藏。

● 各方观点

中国作家协会主席团成员、《人民的名义》作者周梅森: 长期以来,我们的文学创作,远离人民群众,远离社会生活。因此我在写作时所想的,就是要把真实的中国当代社会,用认真的态度呈现出来。

——2017年7月21日《检察日报》

中国"慰安妇"问题研究中心主任苏智良: 总有一天老人会去世,这也是一个时代的结束。我的研究不会停歇,下一步将继续丰富中国"慰安妇"历史博物馆藏品,接纳更多观众进行国际交流;并继续整理和寻找历史资料,深入研究,把这一页的历史呈现好。

——2017年8月18日新华网

中国文艺评论家协会主席仲呈祥: 军事题材和英雄主义作为影视创作的重要题材,是表达爱国主义、集体主义、英雄主义的重要阵地,是塑造国家民族形象的重要载体。这类影视作品的思想内涵、艺术质量和价值取向极为重要。

——2017年12月12日《光明日报》

03 2017 成文化综艺节目元年：
《见字如面》《朗读者》《国家宝藏》霸屏

《见字如面》低调地火了。

● 事件回放

2017 年伊始，文化类节目火爆荧屏，舆论称之为文化综艺节目元年。

先是由明星读信的《见字如面》低调地火了。虽然没有耀眼的舞台包装和激烈赛制，但凭一封信、一个人就让观众陷入故事，豆瓣评分高达 9 分。《见字如面》节目把中国从古至今的书信做了一次集中大扫描和大梳理。节目组邀请了林更新、何冰、张国立、王耀庆、归亚蕾等 8 位演员友情出演。众星在现场几百位观众的注视下，一封封读出那些可以窥视中国历史、名人往来以及普通人生活场景的信件。

随后，由央视主持人董卿首次担当制作人的大型文化情感类节目《朗读者》获得广泛好评，在豆瓣评分高达 9.3 分。节目用最真挚的访谈展现了最平实的情感，用最经典的文本体现了最感人的阅读，将值得尊重的生命、值得铭记的文字和值得聆听的声音完美结合，产生了巨大的影响。

12 月 3 日，央视出品的另一档文化类节目《国家宝藏》在央视三套首播，该节目一经播出就引发热议，同样收获好评无数，豆瓣评分高达 9.4 分，一时刷爆朋友圈。

在不少综艺节目"娱乐至死"的情形下，这类文化类节目被网友盛赞为"一股清流"。

● 事件影响

实际上,从2013年至今,文化类综艺未曾缺席过。

从2013年的《中国汉字听写大会》,2014年的《中国成语大会》,再到《见字如面》,总导演关正文被称为"文化顽主"。他总结,尝试做文化类节目,并不是因为有前瞻性,而是"面对未来"的一种选择。"我们的文化产品、精神生活需要多样性的生态与品种。但是,现实情况是我们人均读书的时间太少了,用于娱乐的时间太多。人类精神文化生活一直有主流,跑偏的时间稍微一长,人类文化的自我修复能力就会起作用。"

当下,碎片化阅读成主流,深度阅读日渐式微。尽管超过半数的人表示,非常愿意"拿一本纸质图书阅读",当强大的社会生存压力迫使人们的精力向工作倾斜,花在阅读上的时间骤减。这未必全然归因于人们对文学价值的忽视,主流媒体在阅读氛围的营造上和倡导文化价值的职能上也存在缺失。

在这样的社会现实和需求下,文化类节目迎来了绝佳时机。在满屏的娱乐类综艺节目中,文化节目相继涌现似乎是一种时代的必然,也是一种价值的回归。当观众的眼睛被娱乐填满之时,自然会产生新的需求——对自我、对世界产生疑问,寻求答案。优质的文化节目也就适时而生。

● 各方观点

媒体人纪如泽:《见字如面》出现的意义不仅是给综艺节目行业注入一股清流,让日益胶着的竞争局面有了新的可能性。另一层面上,它以最朴素真诚的方式展现了大众媒介的本职,传承本国文化,讲好本国故事。

——2017年1月6日《新京报》

北京大学中文系主任陈晓明:书信传统终究会消亡,原始的沟通方式会被迭代,但在强大的视听文明席卷之下,《见字如面》等节目为传统文化保留一席之地,这种尝试非常可贵。

——2017年2月21日凤凰网

网友王洪:从央视创办《国家宝藏》节目引申开去,博物馆的文物传播方式,还要与时俱进及时跟上,打破原来的束缚和框框,从最贴近市民生活的传播方式入手,千方百计唤醒文物的潜在功能,抑或借助新媒体手段,解读文物背后的动人故事,从而让全国各地博物馆中的文物,成为国人感受古今文化熏陶、享受丰厚文博成果的有效资源。

——2017年12月15日新华网

04 《白夜追凶》被Netflix买下海外版权：
网剧崛起的力量

网剧《白夜追凶》。

●事件回放

　　由优酷出品，公安部金盾文化影视中心、五元文化传媒有限公司等联合出品的网剧《白夜追凶》于2017年8月30日起在优酷独播，该剧讲述了原刑侦支队队长关宏峰为了洗脱弟弟关宏宇的杀人罪名，一路破获多起案件的故事。截至12月中旬，该剧播放量已达47亿，豆瓣评分高达9.0。2017年11月30日，美国视频网站网飞（Netflix）获得该剧的海外发行权，成为首部正式在海外大范围播出的国产网络剧集，计划在全球190多个国家和地区上线。

● 事件影响

《白夜追凶》能够被 Netflix 看上,不仅仅是因为该剧超高的播放热度,也是因为该剧的制作水准。《白夜追凶》是首部按电视剧立项流程走的罪案类网剧,这说明这部网剧的品质已与电视剧品质趋向一致。

《白夜追凶》并非根据热门 IP 改编,也没有流量明星撑场面,可以说完全是凭借内容赢得观众的。颇具新意的剧情,潘粤明一人分饰两角的精湛演技,真实细腻的案件细节,以及对凶手内心世界的探究……种种优点让《白夜追凶》在一众国产网剧中脱颖而出,不但赢得了观众的心,也获得了以出产品质剧集闻名的 Netflix 的青睐。

● 各方观点

中国传媒大学戏剧影视学院教授戴清:《白夜追凶》节奏快,悬疑性强,特别是对美剧"植根生活,捕捉社会热点"这一点汲取得特别好。所谓未来发展,在艺术创新上、植根生活上,我都还比较看好网剧发展趋势。

——2017年10月30日《三联生活周刊》

乐正传媒研发咨询总监彭侃:未来在国内影视市场中,"电视剧"的概念将会慢慢淡化,网剧逐渐与传统的电视剧相融合后,基于互联网基因下的"剧集"将成为主流。

——2017年12月4日中国财经网

《青年电影手册》执行主编、影评人曾念群:《白夜追凶》登陆 Netflix,不仅打破了我们现代剧难销的魔咒,还成功打入欧美主流平台。Netflix 的背后,是渗透190多个国家和地区的渠道和客群,《白夜追凶》作为我们网剧领域的首张中国名片,将向 Netflix 全球一亿多订户展示我们的创作魅力,无疑将进一步丰腴我们的文化软实力和文化自信。

——2017年12月5日《北京青年报》

05 鼓浪屿、可可西里申遗成功：中国世遗数量排名第一

可可西里被列入世界自然遗产名录。

● 事件回放

2017年7月7日，中国青海可可西里获准列入世界自然遗产名录。7月8日，中国福建鼓浪屿获准列入世界文化遗产名录。至此，我国已拥有52处世界遗产，数量位列世界第一。

可可西里与鼓浪屿，一个被誉为青藏高原"青色的山梁"，一个是中国东南部的"海上明珠"，它们的自然魅力与文化价值在申遗中大放光彩。可可西里雪山冰川林立，沼泽湖泊纵横，成群的藏羚羊、藏野驴、野牦牛在悠闲地吃草。这里被誉为"世界第三极"和"青藏高原野生动物基因库"。

鼓浪屿是一座面积仅1.88平方公里的小岛，与厦门本岛隔着600米宽的鹭江海峡。上世纪初，最多时有500多位外国人生活在这里，南洋华侨等在岛上先后建起约1000栋风格各异的别墅洋楼；岛上有中国最早的女子学校、中国第一座幼儿园，最早引进风琴、钢琴等西洋乐器，培养出殷承宗、许斐平、林俊卿等诸多音乐家……风貌建筑、古迹遗址、历史道路、特色园林、自然景观构成了独特的城市肌理和文化特征，它们散发出闽南韵味、南洋气息和欧陆风情。

● 事件影响

2017年是中国成功申遗30周年。30年来,中国世界遗产事业不断壮大,申遗成功增强了国人文化自信,也让遗产地的风貌文化得到了更好的保护与传承。

申遗意味着承诺,意味着保护的决心。世界自然保护联盟技术评估报告中明确提出:不在可可西里遗产地范围内为根除小型哺乳动物鼠兔采用毒杀行动;不强制安置或迁移遗产地缓冲区的传统牧民;不在任何时候许可或提倡遗产地内会威胁到动物迁徙路线的围栏活动……世界遗产是被世界遗产委员会确认的人类罕见的、目前无法替代的财富,最终目的是进行保护。对于可可西里和鼓浪屿来说,这是一次重大机遇。

申遗不是最终目的,是为了更好地保护和传承文化遗产。可可西里与鼓浪屿成功申遗,是因为当地不仅真实完整地保留了历史遗存,而且使其活态传承下来,让自然和人文之光熠熠生辉。

● 各方观点

中国联合国教科文组织全国委员会秘书长杜越:中国通过52个"世遗",把最丰富的基因库和最具悠久文化的代表作推向世界,目前举世公认中国的"世遗"保护已进入新阶段。未来中国应该更积极地参与全球遗产治理,唤起包括高校学者在内的各方力量,加大原汁原味保护力度和高水平展示力度,进一步推动国际合作。

——2017年7月9日新华网

国家文物局局长刘玉珠:申遗成功意味着担子更重、责任更大。一方面,我们要切实坚定文化自信,认真履行中国政府向国际社会作出的承诺,在全面加强世界遗产保护管理中,创新中国经验。另一方面,要发挥自身优势,通过遗产保护援助、联合考古发掘、人才培养合作、技术交流互鉴等方式,加强与周边国家、"一带一路"沿线国家的国际合作,支持更多发展中国家实现世界遗产梦,在国际舞台宏亮中国声音、增添中国力量。

——2017年7月10日澎湃新闻

网友"胡建兵":"世界遗产"是公共资源,"申遗"旨在唤醒全社会对于珍贵文化和自然遗产的重视,切莫为了短期利益饮鸩止渴,对遗产造成伤害。

——2017年7月16日《工人日报》

06 阅读, 国之大事, 民之大事: 立法推进全民阅读和公共图书馆事业

全民阅读有法可依。

● 事件回放

2017年3月31日, 国务院法制办公室公布《全民阅读促进条例(征求意见稿)》。一年前, 国家新闻出版广电总局起草了《全民阅读促进条例(征求意见稿)》并向社会公开征求意见; 在此基础上, 国务院法制办将修改后的意见稿向社会公开征求意见。韬奋基金会理事长聂震宁表示, 此举表明了中央大力推动全民阅读的决心, 意味着全民阅读的规划、部署和具体落实很快就会得到法规的保障。

2017年11月4日, 全国人大常委会表决通过了《中华人民共和国公共图书馆法》, 该法对公共图书馆设立、运行、服务、法律责任等分别作了详细规定。该法于2018年1月1日正式施行。这是党的十九大之后出台的第一部文化方面的法律, 也是公共文化领域继公共文化服务保障法之后的又一部重要法律。公共图书馆法的出台, 对于进一步健全我国的文化法律制度, 促进公共图书馆事业的发展, 保障人民群众的基本文化权益都具有重要的意义。

2017年12月14日, 国家文化部举办新闻发布会, 就公共图书馆法出台的背景、主要内容及意义进行了解读。文化部党组副书记、副部长杨志今说, 文化部将加大面向全社会的宣传力度, 落实"谁执法谁普法"的责任, 就广大群众普遍关心、关注的问题, 通过法律宣讲、专题解读、新闻宣传等多种方式, 面向广大群众开展普法教育和普法宣传。

事件影响

为全民阅读立法,首先是全面依法治国的体现,是建设中国特色社会主义法治体系的必然要求;其次,意见稿明确了各级政府在全民阅读活动中的责任,为全民阅读的广泛、深入、持久开展提供了法律保障;再次,以立法的方式促进全民阅读,也是世界上许多国家的做法。美国、法国、日本、韩国、西班牙等国家都制定了促进全民阅读的法律。对于意见稿的内容,业界纷纷表达了关注与厚望。

公共图书馆法以法律形式明确了各级人民政府是承担公共图书馆服务网络建设的责任主体,规定了政府在公共图书馆设施建设、监督考核、制度保障等方面的职责。特别是以强化各级政府的保障职责为核心,对各级政府根据事权和支出责任有效保障公共图书馆提出了要求,从而为监督考核各级地方政府履责情况提供了法律的依据。

建设一个书香充盈的社会,已成为一个国家发展战略的重要组成部分。

各方观点

中国图书馆学会副理事长、上海市政府参事吴建中:公共图书馆法的颁布是我国图书馆界的一件大事,它不仅有助于公共图书馆的稳步向前发展,而且对我国图书馆事业乃至公共文化事业的提升有着巨大的推动作用。我们不仅要为新法的颁布鼓与呼,而且要做宣传推广的热心人、贯彻落实新法的实践者。

——2017年11月10日《图书馆报》

北京大学信息管理系教授李国新:公共图书馆法明确了政府设立和保障公共图书馆的责任,促进公共图书馆服务和现代科技融合发展,推动社会力量参与公共图书馆事业建设。公共图书馆法的颁布充分体现了公共图书馆事业在中国特色社会主义文化事业中的重要地位。

——2017年12月13日深圳热线

清华大学出版社总编辑吴培华:全民阅读立法对于出版尤其是传统出版是一件极有意义的事情,因为一部编辑出版发展史,就是一部阅读活动的发展史。"全民阅读促进条例"颁布实施以后,全民的阅读热情将会进一步被激发、调动。

——2017年12月15日中青在线

07 《王者荣耀》被批曲解历史误导学生：网络游戏强势发展中备受争议

网络游戏宜尊重历史。

● 事件回放

2017年3月，《人民日报》发文批评腾讯开发的网络游戏《王者荣耀》篡改历史，为了利益误导小学生，影响极其恶劣。文章表示：荆轲是女的，李白成了刺客，扁鹊能用毒，这些角色设定完全颠覆了历史，如果小孩子玩了这个游戏，还能学好历史吗？

在《王者荣耀》中，一共出现了60多个中国历史英雄和神话传说人物的名字。李白、赵云、孙悟空、墨子、庄周、狄仁杰、貂蝉等耳熟能详的人物，在游戏中不仅穿越时空，一起"混战"，而且所有人物按游戏的角色设定只是取了一个名字而已，与历史背景和人物经历并无关系，内容和精神被架空，有名无实。

公开数据显示，这款手机游戏的玩家过亿，连小学生也在玩，2016年全年收入为68亿元，占2016年手游总收入的17.7%。对于媒体批评，腾讯方面在第一时间做反馈处理，以《王者荣耀》为试点推出健康游戏防沉迷措施。包括12周岁以下（含12周岁）未成年人每天限玩1小时，并计划设置晚上9时以后禁止登录功能；12周岁以上未成年人每天限玩2小时，若超出时间将被游戏强制下线。此外，游戏将陆续增加"未成年人消费限额"功能、增加硬件设备绑定功能、强化实名认证体系。不过很多人都认为，《王者荣耀》的防沉迷措施就是"纸糊的老虎"——符合要求的身份证账号和姓名信息在网络上随处可见。只要随便搜搜，孩子便可以伪装成大人，在《王者荣耀》里继续尽情挥洒。

2017年7月，《王者荣耀》再次受到人民网、新华社等主流媒体指责，批评其缺乏社会责任担当，利用"成瘾性消费"赚钱，危害少年儿童身心健康。一时间，《王者荣耀》从一款游戏产品再次升级为社会事件，引发了一场关于游戏与历史文化的"口水仗"。

事件影响

媒体的批评文章引发巨大影响,腾讯股价7月4日一度跌近5%,市值蒸发千亿港元。同时,舆论和游戏业界开始反思,网络游戏应该怎样去弘扬传统文化,应给孩子怎样的历史观?

有观点认为,处于知识学习和身体生长关键时期的少年儿童,若是长期难以自控地沉迷于其中,对于他们的个人发展乃至整个中国青少年群体的成长发展来说,后果都将是不堪设想的。此外,游戏中人物"男必铠甲,女必大胸",台词内容和人物设定不尊重历史,也是《王者荣耀》饱受诟病的重要原因。

无论是延续文化、改编文化,还是创造文化与历史,最为重要的是尊重文化与历史,在尊重的基础上进行的创造才是符合玩家需要的创造,才能够真正做到游戏性与文化性的平衡,真正发挥游戏作为文化与历史的载体功能,让游戏升华到更高的艺术层次。

各方观点

网友**"斗指寒甲"**:我个人认为主要问题其实应该不是游戏本身,当然游戏也应该正确面对历史,不管是孩子还是成人,重视历史是我们每个人的责任!孩子周围的环境问题和家长的监管问题,孩子们接触的东西都是父母授予的,所以家长也应该有一定的责任!

——2017年3月29日新浪网

游戏开发者**"一刀平五千"**:有些老师很愤怒地控诉《王者荣耀》对学生的危害,这只是现象,背后的问题是,当游戏过多占据青少年的生活时间,谁来阻止?这个责任推在《王者荣耀》上,肯定是不合理的,没有它也会有其他手机游戏,单个游戏商的禁止和管制并不能解决问题。

——2017年7月10日《南都观察》

中国社科院社会学所青少年与社会问题室研究员、副主任田丰:不能动辄就把青年人群的文化符号妖魔化。拿防范游戏来说,不仅要对游戏有技术性控制,还要形成对游戏者的社会性控制,后者需要政府、学校、企业、家长的多方协调配合。

——2017年7月17日《中国青年报》

08 未被关押的罪恶：
"恶校"频出，到底在"教育"谁？

豫章书院。

🔴 事件回放

　　2017年10月，有网友爆料自己在豫章书院修身教育专修学校（以下简称"豫章书院"）被关小黑屋，挨戒尺和"龙鞭"的经历。10月26日，一篇《中国到底有多少个杨永信》的文章传遍了社交网络，文章称豫章书院为"网瘾治疗学校"，"虐待、体罚学生"，如同集中营。此后，越来越多的豫章书院的学生出来爆料自己在豫章书院经历的折磨。11月，网友爆料在辽宁省抚顺市有一个神秘的"女德班"，正式名称叫抚顺市传统文化教育学校，宣扬的内容包括"女子点外卖、不刷碗就是不守妇道""女子就该在最底层""打不还手，骂不还口，逆来顺受，坚决不离"等观点，开设"女德班"的抚顺市传统文化教育学校还在郑州、温州、三亚等地设有分校，同时该校校长和老师也应邀在全国各地开展传统文化公益讲座。

● 事件影响

在媒体和网民不断声讨和揭发下,豫章书院最终于11月3日被当地主管部门注销办学资格,并责令在一个月内妥善安置在校学生和老师。12月3日,辽宁省抚顺市教育局官方微博发文称,抚顺市传统文化教育学校违反了民办教育促进法第六十二条之规定;其"女德班"教学内容中存在着有悖社会道德风尚的问题。经研究决定:位于马金村的无证办学机构立即停止办学,包括"女德班"在内的所有学员尽快遣散。而校长则表示,温州、三亚、郑州等地分校不受影响,学校必须办下去。

● 各方观点

上海市法学会未成年人法研究会会长、上海政法学院教授姚建龙:学校和家庭"生病"却让孩子"吃药",本质上是家长对孩子管教能力缺失。很多孩子在学校得不到正常的引导,病急乱投医。

——2017年11月13日《中国青年报》

中国妇女报·中国女网特约评论员高富强:优秀传统文化是民族宝贵的精神财富,是维系民族生存和发展的精神纽带。优秀传统文化当然应该传播弘扬,这没有错。错的是打着弘扬传统文化的旗号,把已经过时的与现代文明与性别平等相悖的封建遗毒端出来让女性丧失自我,让女性心甘情愿地做封建家庭的牺牲品。

——2017年12月4日《中国妇女报》

武汉大学社会发展研究所所长罗教讲:"女德班"之所以有市场,也是因为打着"国学"的旗号。实际上,"国学"是传统文化的精华部分,倡导的是积极向上的正能量。如果把传统文化中的某些糟粕视为信条,那只是封建思想的沉渣泛起。

——2017年12月7日《新华每日电讯》

09 好一朵不美的白莲花：
给抄袭颁奖是笑不出来的黑色幽默

"获奖"作品《锦绣未央》。

● 事件回放

　　2017年7月18日，由天津市作家协会主办的首届燧石文学奖评选正式启动。该奖项旨在"发掘好故事，致敬好内容"，通过对国内优秀文学作品的评选，倡导创新精神，鼓励原创创作，提升作品精神价值，开启文学新动力。奖项设置包括燧石·最佳小说类（囊括燧石·最佳短篇小说、燧石·最佳中篇小说、燧石·最佳长篇小说、燧石·最佳超长篇小说），燧石·最佳90后男／女作家，及燧石·白莲花奖。

　　其中燧石·白莲花奖，也即抄袭奖，它表明了大赛敢为市场所不敢为，以对抄袭作品的投选来打击原创文学领域不正之风。最终，经网友评选，秦简的《锦绣未央》"荣获"该奖。

事件影响

入围"白莲花奖"的作品有唐七的《三生三世十里桃花》、秦简的《锦绣未央》和知白守黑的《英雄联盟之王者荣耀》。由于"白莲花奖"没有被获奖者领取,主办方决定将该项奖金捐赠给雨果奖获得者、科幻作家郝景芳创办的公益项目"童行书院"。"抄袭奖"的设立引起广泛争议,不少网友还提名了郭敬明、于正、流潋紫(《甄嬛传》作者)等"知名"的有抄袭嫌疑的作者。

各方观点

中南大学文学院网络文学研究院首席教授欧阳友权:高产写作、技术复制和缺少严格把关的自由发布体制,使得相比传统文学创作,网络文学更容易出现抄袭现象。

——2017年9月28日《人民日报》

编剧余飞:靠网友投票认定某部作品抄袭并在舆论上大力宣传,不太合适。真要做这个奖,至少要在初选评委里加入律师、鉴定专家、法院相关人士,并公布候选作品入选标准和评比流程、细则。如果法院没有判定的项目,不宜参评这样的奖,极易引起争议和诉讼。

——2017年11月2日新浪微博

全国人大常委会法工委副主任苏泽林:有关剧本抄袭,剧与剧之间抄袭的认定,以及独创性、唯一性、表达等问题的认定,不仅在很大程度上增加了案件的审理难度,更给法官增添了巨大的工作量。

年度抄袭奖或许只是一个噱头,文学界和法律界尽快形成一个权威的鉴定抄袭的办法和标准,已经迫在眉睫。

——2017年11月5日《济南时报》

10 高考四十年：改变国家命运和社会风气

始于40年前的高考,撬动了整个社会的变革。

● 事件回放

　　时间进入2017年,是恢复高考制度40周年。1977年8月,邓小平主持召开科学和教育工作座谈会,与会者纷纷主张立即恢复高考,建议如果时间来不及,就推迟当年招生时间,得到邓小平的明确支持。从1977年8月中旬开到9月中旬的高等学校招生工作会议,最终达成共识,改变文革时期"推荐上大学"的招生方法,恢复高考。同年10月,国务院批转教育部《关于1977年高等学校招生工作的意见》,正式恢复高等学校招生统一考试的制度。12月,全国高考在中断12年后恢复举行。

● 事件影响

　　高考撬动了整个社会的变革,带动了整个社会尊重知识、尊重人才的风气。40年漫漫高考路也反映了家国面貌、时代变迁。40年来,中国从598所大学到现在的3000多所大学,高等教育进入了普及化的阶段。2017年,是新高考改革落地元年,以上海、浙江为代表推进的改革试点正在探索完善"分类考试、综合评价、多元录取"的招考方式,健全"促进公平、科学选才、监督有力"的体制机制,为"不拘一格选人才"奠定更为坚实的基础。

● 各方观点

"老三届"、学者雷颐：对于一个曾经以千万人的青春为代价、狂热地废除过考试制度的社会来说，更应该珍惜这来之不易的考试制度，并不断使之更加科学、合理，更趋完善。

——2017年4月22日《新京报》

西安政治学院教授傅达林：恢复高考40年来，我国有1.2亿人通过高考进入大学，对个人前途命运影响如此之深，对社会影响范围如此之广，足以说明高考早已超出一般意义上的考试，而构成国家重要的制度安排……为国选才、为才开路的高考制度在公平性的实现上，尚需有更宽阔的视野、更系统的谋划、更精准的发力。

——2017年6月21日《检察日报》

中国教育学会常务副会长、教育部考试中心原主任戴家干：高考作为我国一项基本教育制度，为学生成长、国家选才、社会公平作出了历史性贡献。

——2017年12月14日中国网教育频道

11 "广电十四条"：整治天价片酬和收视造假

飞速发展，加强监管

内容

资质

"广电十四条"对中国电视剧发展意义重大。

● 事件回放

2017年9月，国家新闻出版广电总局、发展改革委、财政部、商务部、人力资源和社会保障部等五部委联合下发了《关于支持电视剧繁荣发展若干政策的通知》，指导电视剧繁荣发展。《通知》分为十四条，被称为"广电十四条"，内容包括：加强电视剧创作规划；加强电视剧剧本扶持；建立和完善科学合理的电视剧投入、分配机制；完善电视剧播出结构；规范电视剧收视调查和管理；统筹电视剧、网络剧管理；支持优秀电视剧"走出去"；加强电视剧人才培养；保障电视剧从业人员社会保障权益；明确新的文艺群体职称评审渠道；加强电视剧宣传评介；完善支持电视剧发展的财政投入机制；引导规范社会资本支持电视剧繁荣发展；加强组织领导。

● 事件影响

长期以来，正是投资方和购片方盲目过度依赖明星个人"光环"，助长了"明星片酬推向新高"。这些短视操作，不仅是对观众观感的敷衍，也是对整个影视行业的釜底抽薪，成了制约当前影视行业发展的一大顽症。广电总局相关人士在解读"广电十四条"时表示："实践证明，演员仅仅靠自律，难以破解困境。"面对高速发展的影视产业，要通过行业约束和行业协调，平衡演员、制片方、购剧方等各方诉求，把资源更多地放在提升影视作品思想艺术水准上。同时，"广电十四条"推动建立基于大数据、云计算的中国特色收视调查体系，无疑让收买、造假难以操作。

● 各方观点

中国电视剧导演协会副秘书长、国家一级导演车径行：明星定价导向往前追溯，是一种唯收视率的导向。过分看重收视率，不太重视产品的质量，影视剧作的商品属性被过度放大。有了流量明星就有人肯投，钱进来了就可以继续买收视率，这样进一步恶性循环。中国是全球第一大电视剧生产和消费国，但国产影视剧的质量与这个地位还不太匹配。

——2017年9月5日新华社

南京大学教授周安华：电视剧的低迷和萧条有目共睹。电视剧五千万到一亿元的投入成本，明星要价高，投资过程中还有市场风险、政治风险，导致制作电视剧热情迅速下降。国家五部委发文，对于当下电视剧的发展来说确实非常重要。电视剧行业应该更好地理解对当下中国现实的认识，我们既需要《我的前半生》《欢乐颂》等适合年轻人口味的片子，也需要《白鹿原》这样的精品。

——2017年9月11日中国新闻网

2017

中国法治蓝皮报告

传媒篇

——当好守望者

2017

中国传媒新政盘点

01 中央深改小组通过意见:
九家央媒试行人事改革

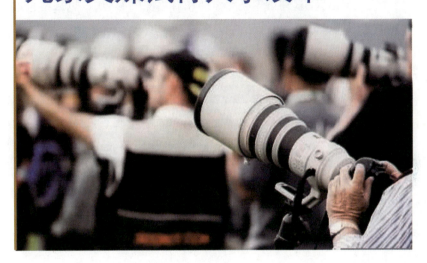

资料图片

🔴 事件回放

　　2017年2月6日,中央全面深化改革领导小组第三十二次会议在京召开。会议审议通过了《关于深化中央主要新闻单位采编播管岗位人事管理制度改革的试行意见》(以下简称《意见》)。会议强调,要深化中央主要新闻单位采编播管岗位人事管理制度改革,统筹配置编制资源,开展人员编制总量管理试点,深化人事薪酬制度改革,完善考核评价和退出机制,增强新闻舆论工作队伍事业心、归属感、忠诚度,为新闻事业长远健康发展提供坚实有力的人才支撑。

　　2017年5月,中央宣传部、中央编办、财政部、人力资源社会保障部联合印发《意见》。《意见》适用九家中央新闻单位,包括人民日报、新华社、光明日报、经济日报、中国日报、中央人民广播电台、中央电视台、中国国际广播电台、中国新闻社。

　　根据《意见》,改革的重点任务主要包括七项:一是统筹配置现有编制资源,将编制资源向采编播管岗位集中,优先保障核心业务岗位用编需求。二是开展人员编制总量管理试点工作,探索形成新的资源配置方式和管理模式。三是规范用工制度,与全体采编播管人员直接签订聘用合同或劳动合同,不采取劳务派遣方式使用采编播管人员。四是完善考核评价和退出机制,达不到岗位要求的人员依法依规予以调整岗位、转岗培训、解除聘用合同或劳动合同等方式处理。五是形成推动媒体融合的用人机制,探索建立相对统一、公平合理的用人制度,实现同一平台工作人员同样管理标准、同等地位权益。六是加大政策支持力度,逐步完善财政投入政策,为中央主要新闻单位采编播管岗位人事管理制度改革提供必要的支持。七是加强党的领导,强化党委(党组)主体责任,把全面从严治党的要求贯彻落实到思想政治建设和作风建设之中,不断健全监督机制。

各省、自治区、直辖市党委宣传部和有关部门参照《意见》,结合本地实际,研究制定深化地方主要新闻单位采编播管岗位人事管理制度改革的方案。

● 事件影响

深化中央主要新闻单位采编播管岗位人事管理制度改革,是贯彻落实习近平总书记重要讲话精神、加强新闻舆论工作队伍建设的重大举措。媒体竞争关键是人才竞争,媒体优势核心是人才优势。近年来,随着我国新闻事业快速发展,新闻单位采取多种用人方式,以满足日益增长的用工需求。但体制内外的"身份"管理,用人"双轨制",造成部分采编播管人员同岗不同责、同工不同酬,影响采编播管人员成长成才,影响新闻舆论工作队伍稳定,影响新闻事业长远健康发展。《意见》的出台,有助于切实解决这些问题。

● 各方观点

新闻评论员崔文佳:从改革范围上看,目前为中央主要新闻单位,根据经验可以推测,地方新闻单位人事管理制度改革基本会紧随其后、参照进行;从改革内容上看,聚焦"编制""薪酬"等关键词,切中媒体人的重要关切,一些人流汗又流泪的窘境或将被打破;从改革目标上看,旨在通过更科学的人事管理制度保障媒体人的获得感,激发媒体人的积极性,从而确保新闻事业可持续发展。

——2017年2月7日微信公众号"北京日报公道"

21世纪经济报道海外部主任赵海建:一场媒体人事改革即将开启,改革直指传统媒体发展中的编制和薪酬问题,媒体人有望重拾事业心、归属感和忠诚度,新闻也将回归其最初的角色定位——公共事业。

——《青年记者》2017年3月上

02 "两高"发布司法解释：终结"黑广播"和"伪基站"

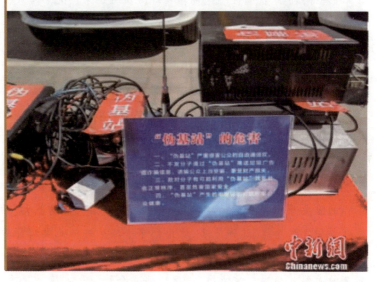

"伪基站"设备。   图片来源：中新网

● 事件回放

2017年6月27日，最高人民法院、最高人民检察院联合下发《最高人民法院、最高人民检察院关于办理扰乱无线电通讯管理秩序等刑事案件适用法律若干问题的解释》（以下简称《解释》），进一步明确了擅自设置、使用"黑广播""伪基站"等相关违法犯罪的法律适用标准。《解释》自2017年7月1日起施行。

《解释》明确了应当认定为刑法第二百八十八条第一款规定的"擅自设置、使用无线电台（站），或者擅自使用无线电频率，干扰无线电通讯秩序"的五种情形：1.未经批准设置无线电广播电台（以下简称"黑广播"），非法使用广播电视专用频段的频率的；2.未经批准设置通信基站（以下简称"伪基站"），强行向不特定用户发送信息，非法使用公众移动通信频率的；3.未经批准使用卫星无线电频率的；4.非法设置、使用无线电干扰器的；5.其他擅自设置、使用无线电台（站），或者擅自使用无线电频率，干扰无线电通讯秩序的情形。

《解释》规定了扰乱无线电通讯管理秩序罪"情节严重""情节特别严重"的定罪量刑标准。其中，使用"伪基站"发送诈骗、赌博、招嫖、木马病毒、钓鱼网站链接等违法犯罪信息，数量在五千条以上，或者销毁发送数量等记录的；雇佣、指使未成年人、残疾人等特定人员使用"伪基站"；非法生产、销售"黑广播""伪基站"、无线电干扰器等无线电设备三套以上或非法经营数额五万元以上,都属"情节严重"。自然灾害、事故灾难、公共卫生事件和社会安全事件等突发事件期间,在事件发生地使用"黑广播""伪基站",造成严重影响的;同时使用十个以上"黑广播""伪基站"的;违法所得十五万元以上的,都属"情节特别严重"。

《解释》强调,负有无线电监督管理职责的国家机关工作人员滥用职权或者玩忽职守,致使公共财产、国家和人民利益遭受重大损失的,以滥用职权罪或者玩忽职守罪追究刑事责任。

● 事件影响

"黑广播"和"伪基站"具有隐蔽性强、迷惑性强、不容易定位、投入小、获利大等特点,不仅扰乱无线电通讯管理秩序、侵害公民信息、破坏通讯信息,还会严重打扰经济社会正常秩序,甚至危害公共安全。一直以来,由于现行法律对"伪基站"和"黑广播"违法犯罪情节严重程度如何界定没有明文规定,造成在打击治理过程中对嫌疑人难以量刑的情况,成为其屡禁不止的重要原因。《解释》的出台,明确了"黑广播"和"伪基站"的刑法适用标准,明确了"扰乱无线电管理秩序罪"这一罪名,运用刑事手段来惩治此类犯罪,将大大提高打击力度。《解释》将"影响航天器、航空器、铁路机车、船舶专用无线电导航、遇险救助和安全通信等涉及公共安全的无线电频率正常使用,危及公共安全的"列入"情节严重"情形,有利于保障公共安全,建设平安中国。

● 各方观点

浙江大学刑法研究所执行所长高艳东:此前在打击电信诈骗中定罪标准模糊、证明责任不清,司法解释明确了司法定罪的标准,对治理电信诈骗意义重大。尤其是明确规定了对生产销售伪基站的行为的惩处,有助于从源头上治理电信诈骗问题。

——2017年6月30日《南方都市报》

北京盈科律师事务所律师袁椿晖:司法解释的规定将激活"扰乱无线电管理秩序罪",此前这一罪名的适用数量相当之少;而将使用"黑广播""伪基站"明列在该罪名的情形中,也将有力地打击电信诈骗。

——2017年6月30日《南方都市报》

最高人民法院研究室刑事处法官张倩:一些单位和个人为了牟取非法利益,使用"黑广播""伪基站"等非法无线电设备,传播非法医药广告、诈骗信息等,不仅严重干扰了无线电通讯秩序,又助推了电信诈骗等其他犯罪,有的甚至还给航班飞行安全造成威胁。

——2017年6月30日央广网

03 新闻出版广播影视"十三五"规划出台： 确定6大目标11项任务

资料图片

● 事件回放

　　为加快促进新闻出版广播影视繁荣发展,根据《中共中央关于制定国民经济和社会发展第十三个五年规划的建议》《中华人民共和国国民经济和社会发展第十三个五年规划纲要》和《国家"十三五"时期文化发展改革规划纲要》,国家新闻出版广电总局编制《新闻出版广播影视"十三五"发展规划》(以下简称《规划》),于2017年9月发布。

　　《规划》指出,到2020年,新闻出版广播影视争取实现6大目标:一是舆论传播力、引导力、影响力、公信力大幅提升,传统媒体和新兴媒体深度融合取得突破性进展,形成一批新型主流媒体。二是公共文化服务全面升级,到"十三五"期末,实现国民综合阅读率达到81.6%,国民数字化阅读率达到70%。三是对经济的拉动作用显著增强,"十三五"时期,新闻出版产业营业收入年均增速不低于8%。四是"智慧广电"战略和新闻出版数字化转型升级行动全面推进,全国省级以上广播电视台基本建立全媒体制播云平台和全台网。五是保障国家文化安全的能力显著提高,"扫黄打非"工作进一步加强,版权治理与工作体系进一步健全。六是传播中国声音、提升中国形象、产品服务走出去的成效和作用更加凸显,着力打造2-3家具有国际一流水平的广电媒体集团。

　　《规划》明确了"十三五"期间新闻出版广播影视面临的11项主要任务:1.加强主流媒体建设,提高舆论引导能力;2.弘扬社会主义核心价值观,提高内容生产和创新能力;3.深化一体发展,推动媒体融合取得新突破;4.构建现代新闻出版广播影视公共服务体系,促进公共文化服务提质增效;5.加强科技创新,构建现代传播体系;6.做优做大做强新闻出版广播影视产业,进一步提高规模化、集约化、专业化水平;7.加快构建现代新闻出版广播影视市场体系;8.深化新闻出版广播影视改革,健全确保把社会效益放在首位、实现社会效益和经济效益相统一的体制机制;9.加强国际传播能力建设,传播中国声音、展现中国精神、提升中国影响;10.加强文化信息安全建设,提升新闻出版广播影视安全保障能力;11.加强版权管理,大力发展版权产业。

● 事件影响

"十三五"时期是全面建成小康社会决胜阶段,也是推动我国由新闻出版广播影视大国向新闻出版广播影视强国迈进的关键时期。经济全球化和高新技术迅猛发展,我国经济发展进入新常态,新闻出版广播影视改革发展面临新的重大机遇,《规划》的制定,绘就了未来五年我国新闻出版广播影视业发展的蓝图。《规划》确定了"坚持以社会主义核心价值观为引领,坚持以人民为中心的发展思想和工作导向,坚持把社会效益放在首位、社会效益和经济效益相统一"的指导思想,以及"坚持党的领导""坚持人民主体地位"等基本原则,保证我国新闻出版广播影视业在中国特色社会主义道路上阔步前进。

● 各方观点

国家新闻出版广电总局原副局长阎晓宏:"十三五"时期是全面建成小康社会最后冲刺的五年,也是全面深化改革要取得决定性成果的五年。编制和实施好新闻出版业"十三五"规划,对于解放和发展文化生产力,塑造民族精神和灵魂,提高全民科学文化素养,提升经济发展质量和文化内涵,支撑国民经济新增长,推动经济发展方式加快转变,传播中华文化,提升我国文化软实力和综合国力意义重大而深远。

——2015年4月16日《中国新闻出版报》

信达证券股份有限公司研究员郭荆璞:《规划》分为四大板块。其中与市场关系最为密切的是第三板块"发展目标和主要任务",该板块共提出了11项主要任务,可以从中发现两大明确的市场机会:一是大型传媒集团准入窗口期,鼓励跨地区跨行业跨所有制兼并重组,鼓励利用资本市场;二是国资背景上市传媒公司发展增添原动力,开展股权激励试点,允许新闻单位经营性部分进行公司化运作。另外,《规划》还多次强调了以下一些关键词:文化自信与文化出海、传统文化与典籍出版、网络文学与原创动漫、数字出版与版权保护、院线特色经营与院线技术升级。其中蕴含的市场机遇此前很多已经被市场关注,可判断后续政策面大方向积极。

——2017年10月13日新浪财经

04 总局强调采编规范：
抵制假新闻严防"标题党"

资料图片

● 事件回放

国家新闻出版广电总局2017年8月2日发出《关于规范报刊单位及其所办新媒体采编管理的通知》（以下简称《通知》），要求广大报刊出版单位及其新媒体全面加强采编管理，切实维护健康的新闻传播秩序。

针对存在的问题，《通知》提出6点要求：坚持正确舆论导向；统一管理要求；严格审核内容；规范新闻标题制作；加强网络活动管理；完善问责机制。

《通知》要求，各报刊出版单位要落实导向管理全覆盖要求，坚持传统媒体与新媒体一个标准，把坚持正确舆论导向贯彻落实到新闻采编的各个岗位和各个环节，特别是要贯彻落实到所办的网站、微博、微信、客户端等新媒体领域；进一步完善新闻采编管理制度，用"一个标准、一把尺子、一条底线"统一严格管理所办报刊、网站、微博、微信、客户端等各类媒体及其采编人员；要严格执行"三审三校"、新闻采编与经营两分开等制度，进一步规范采、编、发工作流程，坚持实地采访、现场采访、直接采访，建立新闻消息来源核实核准机制，多方核实新闻事实，确保新闻报道真实、全面、客观、公正；进一步完善内容审核把关制度，不得刊发未经核实的新闻报道，不得直接使用、刊发未经核实的网络信息，不得直接转载没有新闻发布资质的网站、微博、微信、客户端等发布的新闻信息；转载其他新闻单位的新闻报道，不得对原稿进行实质性修改，不得歪曲篡改标题和稿件原意，并应当注明原稿作者及出处。

《通知》指出，制作新闻标题不得使用不合逻辑、不合规范的网络语言，不得使用"网曝""网传"等不确定性词汇，严防扭曲事实、虚假夸大、无中生有、迎合低级趣味的各类"标题党"行为；严禁将网站及网站频道的新闻采编业务对外承包、出租或转让，要进一步贯彻落实意识形态工作责任制,明确责任主体,落实采、编、发各环节管理责任,建立健全责任追究制度,尤其对违法违规刊发新闻报道的,要依法依规严肃追究撰稿记者、责任编辑、部门主任、值班总编等相关人员的责任。

● 事件影响

总局《通知》直指当下传媒界存在的诸如假新闻、"标题党"等乱象,明确指出,报刊及其所办新媒体要用"一个标准、一把尺子、一条底线"统一严格管理,严格实行"三审三校"制度。这表明新媒体管理尺度并不比传统媒体宽松,传统媒体和新媒体无论是从采编流程上,还是经营管理上,都要采用统一标准。新媒体的传播特点是"快",但"快"的前提是内容真实和导向正确。《通知》的各项规定,有利于抵制虚假新闻、"标题党"和"三俗"等问题的产生,有利于建立健康的新闻传播秩序,维护新闻媒体权威性和公信力。

● 各方观点

新闻评论员施建晖:很多经营单位之所以放松对新媒体的管理,无外乎就是为了哗众取宠,希望用不正当的方式提高关注度、增加流量,而导致这一情况出现的根本原因除了一些媒体从业人员政策法规意识不强、综合素养不高、监管手段不严以外,很大程度上是因为处罚不力。因此,规范新媒体采编行为,做到始终如"一",关键是要建立严格的审查和监管机制,进一步明确责任主体,这样才能维护好新闻的纯洁性和严肃性。

——2017年9月4日吴忠文明网

新闻评论员祝永彬:"标题党"现象,其实质乃是网络传播语境下,新闻标题功能的一种退化、异化。"标题党"们为引人关注,断章取义、耸人听闻,语不惊人死不休。当一个个炫目的标题惹人尖叫,有人形象地将之总结为"尖叫原理"。然而,媒体从业人员一旦把主要精力放在寻找"尖叫点"上,想方设法激发受众的"点击冲动",那些最基本的新闻采编规范,最基本的新闻职业道德,就在不知不觉中被遗忘殆尽。

——2017年8月31日潍坊文明网

05 国内媒体联合发声： "中国新闻媒体版权保护联盟"成立

"中国新闻媒体版权保护联盟"在北京宣告成立。　　**图片来源：中国记协网**

● 事件回放

2017年4月26日，在世界知识产权日召开的第二届中国网络版权保护大会上，由人民日报社、新华社、中央电视台和中国搜索等10家中央主要新闻单位和新媒体网站联合发起的"中国新闻媒体版权保护联盟"在北京宣告成立，首批媒体版权联盟成员单位负责人出席成立仪式。

仪式上公布了《中国新闻媒体版权保护联盟宣言》。宣言指出，新闻作品是新闻媒体的核心资源和宝贵资产，"先授权后使用、先授权后传播"是新闻传播行为的基本底线，也是版权使用的基本原则。中国新闻媒体版权保护联盟将在新闻作品版权统一管理、制定版权合作规则、组织共同议价、支持成员单位维权等方面扮演重要角色，积极帮助成员单位充分依托现行法律规定，进行有效的版权保护，实现资产权益的最大化。同时，媒体版权联盟将秉持先取得授权再使用的原则，构建公平便捷的版权交易渠道。

同一天，国内115家报纸、期刊、电视台分别发布《关于加强新闻作品版权保护的声明》。声明表示，任何机构或个人，除著作权法规定的合理使用外，未经本新闻单位书面许可，不得转载、剪辑、修改、摘编、转贴或以其他方式复制并传播前述新闻作品。

4月26日这天，多个新媒体平台上的100个新媒体公众号也发表声明，表示保护自己的知识产权，支持原创内容生产。

6月9日，"首届中国报业版权大会"召开，100多家媒体通过了《中国报业版权自律宣言》，强调任何机构或个人，除著作权法规定的合理使用外，未经报社许可，不得转载、剪辑、修改、摘编、转贴或以其他方式复制并传播报社的新闻作品。

一方面,媒体界版权保护呼声高涨;另一方面,国家版权主管部门积极探索版权保护的新手段。4月19日,在国家版权局的支持下,中国版权协会版权监测中心平台上线。12426.cn这一平台由专业的维权运营团队运营,中国版权协会会员及社会广大版权方可通过该平台,享有版权认证、预警、监测、下线、取证诉讼、数据分析等一站式维权服务。该平台还为国家版权局"剑网行动"提供技术支持。

● 事件影响

"中国新闻媒体版权保护联盟"宣告成立和《关于加强新闻作品版权保护的声明》《中国报业版权自律宣言》的发布,显示了新闻媒体与从业人员版权意识的充分觉醒和版权保护意愿的日趋强烈,表明新闻媒体已经采取积极行动和有力措施,加强行业自律和版权合作,共同打造新闻媒体版权共享、监控、交易网络平台,合力破解新闻作品版权保护难题,同时也给媒体行业探索版权保护的方法、版权运营的模式以及进一步发挥媒体版权价值开了个好头。中国版权协会版权监测中心平台上线,则是从技术手段上为媒体版权保护提供更有力的支持。

● 各方观点

中国版权协会理事长阎晓宏:近10年来,我国网络视频领域版权环境发生的变化可谓是翻天覆地,版权市场得到进一步规范,权利人也能够从中获得收益。但是,随着技术的迅猛发展,这一领域依然存在着较多的问题。在国家版权局的支持下,中国版权协会版权监测中心平台上线了,这个平台将致力于服务会员,致力于网络版权生态环境的建设。

——2017年4月20日《中国新闻出版广电报》

中国报业协会秘书长胡怀福:加强媒体的版权保护,就是要改变不合理的现状,打破"做内容的收不到钱,围观的拦路打劫"的不良现象,充分保护媒体内容创作的劳动成果,提升媒体内容的版权价值,促进媒体行业的健康发展,同时也通过梳理内容创作和渠道分发之间的关系,基于版权法律和制度,在互联网上建立起更加合理、合作共赢的内容生态链。

——2017年5月12日《中国新闻出版广电报》

06 北京首设"数字编辑"：新媒体人才获专属职称

资料图片

● 事件回放

2017年2月17日上午,北京市数字编辑人才队伍建设工作座谈会在北京市新闻出版广电局举行,有65名专业技术人员在会上获颁2016年度首批数字编辑高级职称证书,这也是北京市诞生的首批具有高级职称的数字编辑,在全国开创了为数字编辑人员设立专属职称的先河。

数字编辑,是指利用计算机、通信、网络等数字技术手段,将文字、图像、音频等作品进行选题策划、稿件资料组织、编辑加工整理、校对审核把关、运营维护发布的工作。随着当前我国数字内容产业的蓬勃发展,据新闻出版广电总局统计,北京市数字编辑专业技术人员队伍规模已达数十万。

2015年底,《北京市新闻系列(数字编辑)专业技术资格评价试行办法》发布,北京市人力社保局和北京市新闻出版广电局在全国率先启动了数字编辑专业领域职称评价工作。2016年5月,共有2416人参加了北京首次数字编辑专业技术资格初级和中级考试,近400人通过考试取得了中级、初级职称。参加首次考试和评审的人员涉及数字新闻编辑、数字出版编辑、数字视听编辑等不同领域,涉及央企、市属国企、民企等各种类型企业,标志着北京市新闻系列(数字编辑)专业技术资格的考评工作已扬帆起航,也标志着北京市数字编辑人才队伍建设迈入一个崭新的快速提升和发展阶段。

首次申报数字编辑专业高级专业技术资格的有76人,经答辩评议和专家评审,最终有65人通过评审并获得高级职称,他们具有年龄偏轻、来源广泛、学历层次高、业绩材料丰厚等特点,充分显示出新兴数字传播行业人才济济的繁荣景象。

北京市新闻出版广电局相关人士表示,北京市将积极探索建立职称申报评审诚信档案和失信黑名单制度,逐步完善诚信承诺和失信惩戒管理机制,建立数字编辑人才队伍建设智库,大力推进新闻出版广电行业制度化、标准化、科学化建设,积极探索北京市数字编辑人才队伍培养的新模式、新路径,不断推动北京市数字传播产业健康发展和良性循环。

● 事件影响

北京市数字编辑专业职称考评工作,进一步完善了新闻出版广播影视行业人才队伍建设。一是填补了国内对新兴产业人才评价的空白,有效突破人才评价渠道瓶颈,将人才评价制度积极向数字传播产业延展。二是通过为广大数字编辑人才正其名、定其分、安其心、明其责,有利于规范从业人员行为、强化对行业单位管理,有利于营造风清气正的网络空间、净化网络舆论环境。三是打破了"体制内与体制外""编制内与编制外"体制机制的束缚,实现了对数字编辑人才的"一视同仁",体现了社会公平和公正。四是为数字编辑专业从业人员打通职称晋升的通道,得到了社会对其身份、创新能力和社会价值的认可,凝聚了人心。五是在新媒体领域先行尝试人才评价制度,蹚出一条人才评价改革的新路径,引领和带动全国数字编辑人才队伍建设的发展。

● 各方观点

国家新闻出版广电总局人事司副司长方华:开展数字编辑专业职称评价工作富有前瞻性和创新性,在全国开创了先河,可以通过经验总结,在职称改革、人才队伍建设方面争取新成绩。

——2017年3月20日人民网

北京市新闻出版广电局局长杨烁:推动数字编辑专业评价工作,就是"贯彻以人民为中心的发展思想",注重用融合、创新、发展的理念,选拔和认定、培养和造就集内容加工、创意策划、跨领域应用为一体的复合型、融合型、创新型人才,最大限度释放和激发数字编辑人才创新创造创业活力,让更多的千里马能够竞相奔腾,有效推动大众创业和万众创新,用人才融合、知识融合、理念融合推动产业的融合发展,推动传统媒体和新媒体在内容、渠道、平台、经营、管理等方面的全面深度融合。

——2017年3月6日中国新闻出版广电网

光明网总编辑杨谷:给小编评职称是一件雪中送炭的创举。首先,专业职称是国家主管部门对网络媒体从业人员的基本要求。其次,人才是网络媒体发展壮大的关键,专业职称评定有利于稳定网站人才队伍,是对加强网络舆论阵地建设工作的雪中送炭。

——2017年3月20日人民网

07 河北打掉特大假记者团伙：
假记者屡禁不绝令人深思

河北假记者案收缴的假证件。　　　　图片来源：法制网

● 事件回放

2017年春节前后，经过缜密部署和昼夜奋战，河北省衡水市公安局成功打掉一个冒充记者身份，敲诈勒索衡水、沧州、石家庄、保定等5市20余个县（市）企业的特大犯罪团伙，破获敲诈勒索案件38起，涉案金额34万余元，查扣作案用车辆5部，手机18部，查获用于作案的证件、胸牌、车标等40余个。22名犯罪嫌疑人全部到案并被移送检察机关审查起诉。

2016年11月，衡水市公安局刑警支队频频接到群众举报，有人冒充记者以曝光问题为由向企业敲诈勒索。经查，赵某某、史某某等人通过花钱或其他方式办理了"'三农'内参""中国新闻播报社""法制监督在线"等证件后，驾车流窜至衡水市及周边县市，他们以中小企业为敲诈勒索目标，以曝光企业问题为由索要封口费，价格从几百元到几万元不等。

警方经过摸排走访、追踪扩线、深入研判，逐一确定了犯罪嫌疑人落脚点和生活规律，于2016年12月23日开始收网。在该团伙分赴阜城县和安平县再次实施敲诈后，专案组民警兵分两路，一举抓获团伙成员5人。经讯问，犯罪嫌疑人赵某某、史某某等人交代了2016年3月以来，他们以"新闻记者"身份在石家庄、保定、沧州、衡水等地敲诈勒索的犯罪事实。

2017年3月17日，全国"扫黄打非"办公室和公安部对该案联合挂牌督办。有关部门按图索骥顺藤摸瓜，专案组先后两次集中收网，共抓获22名犯罪嫌疑人。

在此案中，假记者在锁定被敲诈企业时，一般会选择化工厂、屠宰场等一些有可能出现环保问题的中小企业。他们利用一些中小企业对媒体和记者了解不多，自身又可能存在这样那样问题的情况，揣摩心理，巧取豪夺。一些企业本来规范经营，只因担心负面新闻影响企业形象，不想惹麻烦也"花钱消灾"，这种心理助长了假记者的滋生。

● 事件影响

　　这是一起轰动全国的"特大假记者团伙"案件，仅仅是抓获的团伙成员就达到了22人，仅仅是已经知道的敲诈勒索案件就达到了38起。假记者横行确实可怕，他们扰乱了正常的新闻秩序，把这些人绳之以法，是大快人心的。从此案所涉媒体可以看出，相关媒体要么没有新闻资质，要么把关不严胡乱发证，要么只管收钱疏于监管，这都暴露了监管环节的漏洞。从假记者敲诈的企业来看，要铲除假记者生存的土壤，不仅需要企业依法经营，同时也需要对企业强化打击新闻"三假"的普法宣传教育。

● 各方观点

　　中国新闻出版广电报评论员昇平：近年来，经过多部门综合治理，传统媒体的工作人员涉嫌假记者和新闻敲诈的事件已经大大减少。此次衡水案有一个显著的特点，在民警查获的各种假证件中，多数为网络媒体的"工作证""采访证"等。对于网络媒体怎么办？一个字，还是要"严"。只有加强网络媒体的队伍管理，提升网络媒体和从业人员综合素质，网上网下一把尺子，才能从根本上管好网络媒体。假记者不仅扰乱了正常的社会秩序，也严重损害新闻媒体的公信力和行业形象，其危害之严重，绝对不容姑息。正本清源、完善制度，让企业规矩赚钱，让媒体依法监督，假记者的生存空间必将从根本上消除。

——2017年7月11日中国新闻出版广电网

　　新闻评论员郝冬梅：老话说得好，苍蝇不叮无缝的蛋，假记者是一只只嗡嗡作响的苍蝇，可是这一只只假记者的苍蝇，也不会去叮咬无缝的鸡蛋。叮咬无缝的鸡蛋的后果，只会是自己劳心费力，却不可能有多大收获。人家本身没有问题，也就不会乖乖掏钱了。查处假记者是必须做的事情。但是，只查处假记者，这不是圆满的查处。还应该看看，那些被假记者敲诈的企业，为何心里骂着假记者，嘴里却甜言蜜语地臣服？他们究竟是为了息事宁人一再忍让，还是为了掩盖某些问题而花钱消灾？如果只是息事宁人，那还情有可原。如果是为了花钱消灾，掩盖一些问题，这就是大问题了。对于执法部门而言，要深入调查，看看那些向假记者低下头、弯下腰的被敲诈企业，是不是存在违法问题。

——2017年7月7日红网

《楚天金报》宣布休刊。 图片来源:新浪网

🔴 事件回放

2017年12月1日,湖北日报报业集团旗下的《楚天金报》休刊,有关业务并入《楚天都市报》。《楚天金报》于2001年11月18日正式创刊,以"中国最具温度的经济媒体"为办报理念,日均发行量最高时曾超60万份。据内部员工透露,休刊原因是"经过多轮改革,未能实现盈利"。

2017年,休刊的纸媒不只《楚天金报》一家。9月1日,江西新余日报社主办的《新余晚报》正式停刊。《新余晚报》停刊后,《新余日报》增加"都市新闻"专版。9月22日,综合类女性生活杂志《悦己SELF》发布声明,决定在12月号出刊后结束杂志运行,专注发展悦己社群,以微信公众号为主要发声平台。9月11日,共青团山东省委官方网站发布消息,山东青年报社拟向事业单位登记管理机关申请注销登记,现已成立清算组,这意味着创刊于1949年的《山东青年报》将要注销。

除休刊外,还有不少纸媒进行减版调整。中央级大报《中国青年报》从2017年1月1日起,周六、周日停止出版纸质版,改出"移动周末版",在中国青年报客户端发布。2017年10月,拥有17年历史的宁波纸媒《东南商报》表示,将于明年由日报改为周报;江西日报报业集团下属子报《信息日报》也透露了2018年改周报的消息,由目前的每周一至周五发行的日报改为每周五发行的周报。

与此同时,纸媒人事动荡也是持续不断,多名高管辞职,转投新媒体。2017年2月,南方报业副总经理、原南都执行总编辑庄慎之,通过微博宣布离职,自主创业;5月23日,搜狐媒体副总裁樊功臣宣布,原新京报编委王海涛将新任搜狐网执行总编辑;8月3日,新京报社社长戴自更离职,转任北京市文化投资发展集团总经理;11月17日,据新京报内部人士称,新京报总编辑王跃春已提出辞职,有关程序已经基本走完,这是新京报又一次重大人事变动;11月1日,东莞报业传媒集团副社长、东莞时报总编辑谭军波辞职;12月4日,北京青年报内部人士透露,北青报总编辑余海波已确认将离职,目前辞呈已获批准,其或将进入互联网行业。

● 事件影响

纸媒衰落已经不是一年、两年的事情,纸媒停刊或减版,一方面反映了在新媒体冲击下,纸媒不断下降的态势;另一方面则反映了纸媒正在积极寻找转型突破口。停刊或减版,并不意味着终结,通过媒体融合,把多年来培育的优质采编力量转移到新兴媒体上,就会开辟出新的领地,迎来发展生机。这是传媒界的"调结构,去产能"。传统媒体的高管辞职也反映了同样的道理,一方面说明传统媒体待遇降低、空间有限,留不住优秀的人才;另一方面则是为新兴媒体输出人才,促进新兴媒体的兴起,对整个社会来说,更能发挥其价值。

● 各方观点

新闻评论员Vanesa:纸媒死亡的原因,不是什么营收断崖式下滑,不是什么新媒体剥夺了它的渠道,甚至也不是什么新生代取代了旧生代,更彻底地说:信息这个产业的生产模式已经变化了,是汽车取代马车式的更迭。

——2017年1月16日搜狐公众号"互联网最前沿"

新闻评论员周智琛:辞职的总编辑有一个共同的特征,他们大多是产品意识和资源转化能力很强的人,媒体转型时代的报纸做得好,只要还在熟悉的内容或泛传媒领域,什么都可以做得好。我常调侃同行,连报纸都做得好,还有什么做不好,言语虽有点自负,但传统媒体做得好的,有点自信也是自然的。

——2017年12月4日微信公众号"周智琛频道"

09 机器人25秒写就地震消息：人工智能逼近新闻界

资料图片

●事件回放

2017年8月8日21时40分左右,中国地震台网中心在其官方微信上发布了一条消息《四川阿坝州九寨沟县发生7.0级地震》。这条消息在文末注明："以上内容由机器于2017年8月8日21时37分15秒自动编写,用时25秒。"

在这则消息中,内容包括速报参数、震中地形、热力人口、周边村镇、周边县区、历史地震、震中简介、震中天气8项内容,4张图片。全文540个字。

此后,中国地震台网中心网站关于四川阿坝州九寨沟县3.0级以上余震情况发布13次,官方微信消息生产者均为机器人。

8月9日,早晨7时27分52秒,中国地震台网中心正式测定,新疆博尔塔拉州精河县发生6.6级地震,震源深度11公里。中国地震台网中心官方微信再次发布此次地震速报,消息生产者依然为机器人。

据介绍,中国地震台网中心的机器人,运用目前该中心建立的地震数据管理与服务系统,通过数据抓取、数据加工、自动写稿、编辑签发的流程,其写作与播报的速度用秒来计算,迅速而准确。

这次机器人写作地震消息的惊艳表现,引发新闻界对"编辑记者会不会被人工智能代替"的担忧。机器人写作在国外应用已经相当普及,在国内尚处于刚刚起步阶段。国内互联网公司和传统媒体都有写稿产品推出。2017年4月,腾讯宣布基于此前开发的写稿机器人Dream Writer,正酝酿推出机器人写稿的资讯类APP。国内其他写稿产品还有百度"度秘解说"、第一财经"DT稿王"、今日头条"Xiaomingbot"、新华社"快笔小新"、南方都市报"小南"、广州日报"阿同"等。

学界和业界普遍认为,当前人工智能的发展正处于从感知人工智能向认知人工智能发展的关键阶段,离具有自主意识的"强人工智能"还有一段距离。专家预测,和人类智能并驾齐驱的人工智能出现的时间为2040年。

● 事件影响

机器人写作地震消息的事件,表明了人工智能在新闻界中的应用进一步提升。2017年政府工作报告首次写入"人工智能",人工智能已经与各行各业产生关联,新闻界也不例外。从机器人写作的地震消息来看,虽然写作速度很快,但是写作内容单一,不丰满、生动,不像人的作品那样有血有肉。这表明,称"机器人代替编辑记者"尚为时过早。在当下,编辑记者一方面须练好基本功,保证新闻内容生产的专业化和高质量;另一方面要做好迎接新时代的准备,开放思路,努力学习新技能,做到让人工智能为我所用。

● 各方观点

中国人民大学教授陈力丹:机器人参与写作只是新闻写作中最基础的,新闻从业者不能因为机器能够写作就丢弃基本功,毕竟操作机器写作的是人,如果人类不会自己写作了,机器也没有模本可供参考了。同时,新闻从业者从简单的、重复的事件性报道中解放出来后,可以进行深度报道、话题设计、文化创意等其他内容。

——2017年8月10日《中国新闻出版广电报》

人民日报总编室编辑智春丽:现阶段人工智能可以"看图写话"生成图片说明、把采访录音整理成文本、写作有固定格式的消息、充当在线记者提问、根据用户偏好自动推荐,但还绝对没法和人类一流的记者、编辑相媲美,写出流淌着情感与思想的特稿、提出直击心灵的问题、作出一个可意会不可言传的好标题。

——2017年8月5日虚商在线